Kann weg!

„Suchst Du das Höchste, das Größte?
Die Pflanze kann es dich lehren."

Friedrich Schiller (1759-1805)

Anja Feyerherdt - Uwe Brose

MORINGA

Sie nennen ihn den Wunderbaum

Die in diesem Buch enthaltenen Empfehlungen und Angaben sind von den Autoren mit größter Sorgfalt zusammengestellt und geprüft worden. Eine Garantie für die Richtigkeit der Angaben kann aber nicht gegeben werden. Autoren und Verlag übernehmen keinerlei Haftung für Schäden und Unfälle.

Bibliografische Information der Deutschen Nationalbibliothek
Die Deutsche Nationalbibliothek verzeichnet diese Publikation in der Deutschen Nationalbibliografie; detaillierte bibliografische Daten sind im Internet über: http://dnb.d-nb.de abrufbar.

5. Auflage, Juli 2014
Atterwascher Straße 11, 03172 Schenkendöbern
E-Mail: info@vitalbooks.de, Internet: www.vitalbooks.de
ISBN 978-3-9815542-0-5

Bitte beachten Sie in jedem Fall die Grenzen der Selbstbehandlung, nehmen Sie bei Krankheitssymptomen professionelle Diagnose und Therapie durch ärztliche oder naturheilkundliche Hilfe in Anspruch.

Inhalt:

Anja Feyerherdt

Heilpraktikerin seit 2000 mit dem Schwerpunkt Ernährung und orthomolekulare Medizin, neben klassischen Naturheilverfahren. Beratende Tätigkeit für verschiedene Firmen des Reformhaus- und Nahrungsergänzungsbereiches seit 2001.
www.naturheilpraxis-feyerherdt.de
info@naturheilpraxis-feyerherdt.de
Tel.: 04105-6903096

Uwe Brose

Seit vielen Jahren begeistert von der Heilkraft der Natur. Auf der Suche nach ihren größten Schätzen, vor wenigen Jahren angekommen. Danke Moringa!
Ab diesem Punkt, Import hochwertigster Moringa-Qualitäten aus aller Welt.
www.moringa-europe.com
ub@sanleaf-europe.com
Tel.: 035692 - 66933

Dr. Jean-Baptiste Nduwayezu vom Botswana College of Agriculture (Universität für Landwirtschaft), zu Moringa: „Moringa oleifera hat das Potenzial, Armut zu lindern, eine Ernährung zu liefern, die Krankheiten verhindert und heilt, und das Leben von Millionen Menschen in Botswana, Afrika und anderen Entwicklungsländern zu retten."

Ethiker - Tageszeitung für CSR und nachhaltige Entwicklung: „Moringa oleifera - der Baum, dessen Blätter alles enthalten, was ein fehlernährter Mensch braucht."

Michael Scholz, von der Aktion Kinderhilfe Münster e.V.: „Gleich neben dem Gemüsegarten haben wir ein weiteres Stück Land auf 10 Jahre gepachtet und dort mit der Anlage einer Moringa-Plantage begonnen. Dies ist eine wahre Wunderpflanze, deren unglaublich vielseitigen Eigenschaften ein ganzes Buch füllen würden."

Alexander Benra, von der Organisation Trees for the Future: „Aufgeforstet wird mit Moringa oleifera, den man auch als "afrikanischen Wunderbaum" bezeichnet. Er ist sozusagen die "eierlegende Wollmilchsau" der Pflanzen."

Prof. Louis M. De Bruin PhD, von International Moringa Research:
„Es ist eines der geheimsten leistungssteigernden Produkte für Sportler." [und] „Es ist für Menschen jeden Alters gut und vor allem auch für alte Menschen, die ihre Wachsamkeit verlieren."

Dr. Hans-Martin Hirt von Anamed:
„Blätter enthalten Vitamine, Proteine und Mineralstoffe und sind deshalb ideal für untererernährte Kinder und AIDS-Patienten. Samen wirken gegen Diabetes: 3 x täglich den weißen Samen einnehmen."

Alice Ilaga vom Department of Agriculture (DA):
„Malunggay [die philippinische Bezeichnung für Moringa oleifera] kann Leben retten, ein höheres Einkommen generieren, Millionen von Arbeitsplätzen schaffen, brachliegende Landwirtschaftsflächen können wieder genutzt werden, es hilft den Philippinen dabei, global wettbewerbsfähig zu werden, es hat Auswirkungen auf den lokalen und internationalen Markt und es verbessert die sozio-ökonomischen Bedingungen".

Noel Vietmeyer, US National Academy of Sciences, Washington D.C.: „Obwohl nur wenige Menschen bisher von Moringa gehört haben, könnte sie schon bald zu den wertvollsten Pflanzen der Welt gehören."

Einführung – Moringa stellt sich vor

Moringa oleifera Lam oder Moringa pterygospema Gaertner, so sind die vollständigen botanischen Bezeichnungen, ist ein Baum, der in seinen Ursprungsländern als Wunderbaum bezeichnet wird. Ursprünglich kommt Moringa aus der unteren Himalaya Gegend, Nordwest Indien, Pakistan, Bangladesh und Afghanistan. Dort sind noch sehr alte Baumbestände zu finden.

Unter den folgenden Namen ist der Moringabaum auch bei uns bekannt: Meerettichbaum, Behenbaum, Behennussbaum, Klärmittelbaum, Trommelstockbaum, Flügelsaniger Bennussbaum, und Pferderettichbaum.
Diese Bezeichnungen wurden teilweise von den englischen Namen übernommen: Horseradish tree, Radish tree, Drumstick tree, Mother´s best friend, West Indian Ben. Französische Namen: Bèn ailé, Benzolive.Spanische Namen: marango, marangón. Der Name Moringa stammt ursprünglich aus dem Indischen. Moringa hat jedoch so viele Bezeichnungen, dass man sie nicht alle aufzählen kann.

Die Bezeichnung als Meerettichbaum bzw. Horseradishtree leitet sich von den stechend scharf riechenden Wurzeln des Baumes ab. Dieser Geruch entsteht durch die Senfölglycoside, die reichlich in den Wurzeln enthalten sind.

Die Engländer, die sich in der Kolonialzeit in Indien niedergelassen hatten, benutzten die Moringabaumwurzeln als Meerettich Ersatz.
Der Moringa Baum ist in den Ländern Afrikas, Asiens, in Lateinamerika, der Karibik und in Ozeanien bekannt, wird dort angebaut oder wächst wild.

Wie und wo wächst Moringa?
Der Moringa Baum wächst sehr schnell, liefert schnell Erträge und ist anspruchslos. Er wächst in den subtropischen und tropischen Regionen auf sandigen kargen Böden, bei konstanten Temperaturen von 20 – 45 °C. Seine Wurzeln mögen keine Nässe, können jedoch sehr gut Feuchtigkeit speichern. Bei optimalen Bedingungen kann er 30 cm im Monat wachsen und die ersten Blätter können schon nach 4 Monaten geerntet werden. Im ersten Jahr kann der Baum bis zu 4 m hoch wachsen. Insgesamt kann er eine Höhe von 12 m erreichen.

Die Verbreitung von Moringa Bäumen erstreckt sich rund um den Äquatorbereich der Erde. Er wird in Mittelamerika, Afrika, auf dem indischen Subkontinent, in China, auf den Philippinen und in Indonesien und noch weiteren Gebieten in diesem Umkreis kultiviert, hat sich hier aber auch ausgewildert.

Das alte Wissen um die Nahrhaftigkeit und Heilkraft des Baumes kam auch den Europäern, besonders den Engländern, zu Ohren, die in den Kolonien lebten.
Es war modern, Pflanzen und Samen untereinander zu tauschen und fremde Pflanzen im Garten zu kultivieren. So kam es zur Ausbreitung und zum Entstehen verschiedener Moringa Arten rund um den Globus. Aus der ursprünglichen Art, Moringa oleifera, haben sich auf diesem Wege insgesamt 13 Unterarten entwickelt. Nach Aussage der traditionellen ayurvedischen Medizin kann Moringa 300 Krankheiten vorbeugen. Der Nährstoffgehalt, der einzelnen Teile von Moringa oleifera, ist für fehl- oder unterernährte Menschen in der Tat sehr interessant.

Reichhaltige Nutzpflanze für Menschheit und Tierwelt
Der Moringa Baum ist weltweit unter verschiedenen Namen bekannt, wovon manche Namen bezeichnend für seine überlieferten Wirkungen stehen.

In den Ursprungsländern gilt Moringa als Baum, der wahre Wunder tut. Laut alter Volksweisheiten hilft er auf wunderbare Weise bei vielen Krankheiten, aber er hilft auch heute hungernden unterernährten Kindern und Erwachsenen, in den Gebieten, in denen Moringa wächst. Moringa ist ein Geschenk der Natur, für die Menschheit und auch für die Tierwelt.

Er bietet ein einzigartig umfassendes Nährstoffspektrum, wie bisher keine andere Pflanze auf der Erde.
In der regional traditionellen Volksmedizin wurde das Wissen um Moringa weitergegeben. Darauf wurden auch Entwicklungshelfer aufmerksam, die dazu beigetrugen, dass sich das Wissen um Moringa weiter verbreitet hat.

Vor allem den Forschungen von Prof. Dr. Klaus Becker, der Universität Hohenheim, und den Untersuchungen von Lowell J. Fuglie vom Church Word Service aus dem Senegal, ist zu verdanken, dass die Einzelbestandteile von Moringa wissenschaftlich untersucht wurden und dass Moringa immer bekannter wurde. Auch dank Prof. Dr. Becker sind die Geschichten über Moringa nicht mehr nur legendär, sondern wissenschaftlich belegt.

Den neuesten Forschungen nach, kann Moringa ernähren, nähren, vorbeugen, helfen, regulieren, schützen und reparieren, weil sämtliche Teile des Baumes, ein optimales Nährstoffspektrum, in synergistischer Zusammensetzung, mit hoher Bioverfügbarkeit bieten.

Das bedeutet, dass wichtige Einzelstoffe in Moringa von Natur aus richtig zusammengefügt sind und sich gegenseitig in ihrer Funktion unterstützen – es könnte für uns die optimale Nahrung bzw. Nahrungsergänzung sein, die nicht erst zusammengemischt (oder zusammengekauft) werden muss- ein Vorteil gegenüber synthetisch hergestellten Nahrungsergänzungen, in Pillen-, Kapsel-, oder Konzentrat-Form.

Moringa kann nicht nur die Überlebenschancen der Menschen verbessern, die in den traditionellen Anbaugebieten leben, sondern kann Menschen weltweit beim Erhalt der Gesundheit sehr dienlich sein, vor allem Menschen, die sich nicht optimal ernähren können.

Geschichte und Ursprung – traditionelle und zukünftige Nutzung

Der Moringabaum ist uralt.
Der ursprüngliche Herkunftsort des Moringabaumes liegt am Fuße des Himalaya auf dem indischen Subkontinent. Erste Erwähnungen reichen bis ins Altertum zurück, eine Zeit ca. 4000 vor Christus. Auch in den ca. 5000 Jahre alten Schriften, den Veden, die in der altindischen Schriftsprache Sanskrit verfasst wurden, findet man Aufzeichnungen über Moriga, unter dem Namen „Sigru". Aus dieser Zeit stammen auch die ersten Aufzeichnungen der ayurvedischen Medizin.

In Ägypten fand man Hyroglyphen, datiert auf das Jahr 2475 vor Christus, in denen niedergeschrieben war, dass Behenöl (das Öl der Samen des Moringa Baums) aus dem nördlichen Asien importiert wurde.

Die ayurvedische Medizin, eine der ältesten überlieferten Heilmethoden der Welt, setzte Moringa vorbeugend und ausgleichend ein. Es wurden dazu alle Teile des Baumes, die Wurzel, die Samen, die Früchte, die Blüten, die Rinde, das Öl aus den Samen und die Blätter, auch als Saft, innerlich und äußerlich angewandt.
Jahrhunderte lang haben Menschen verschiedener Länder Moringa Blätter als Volksmedizin bei Alltagsbeschwerden genutzt. z.B. in Indien bei Anämie, Unterernährung, Entzündungen, Blutverunreinigungen, Durchfall, Fieber, Kopfschmerzen, unnormalem Blutdruck, etc. In Malaysia und Puerto Rico bei Wurmbefall. In Guatemala bei Hautinfektionen. Auf den Philippinen bei Anämie, Mandelentzündung, und zur Anregung der Milchbildung.

Der traditionelle Einsatz von Moringa, den man in fast allen Ländern findet, ist die Anwendung als Nahrungszusatz, bei schwangeren Frauen, zur Anregung der Milchbildung bei stillenden Müttern und zur Ernährung von schlecht gedeihenden Kindern. Daher stammt auch die Bezeichnung „mothers best friend“, wie Moringa auf den Philippinen genannt wird.

Bestandteile und Inhaltsstoffe

Der Moringa Baum ist ein Segen für die Menschen. Alle Teile sind von Nutzen, als Nahrung, zu medizinischen Zwecken, als Baustoff oder als alternative Energiequelle. Der Baum ist zu 100 % bioverfügbar, d.h. alle Teile des Baumes können der Versorgung des Menschen dienen.

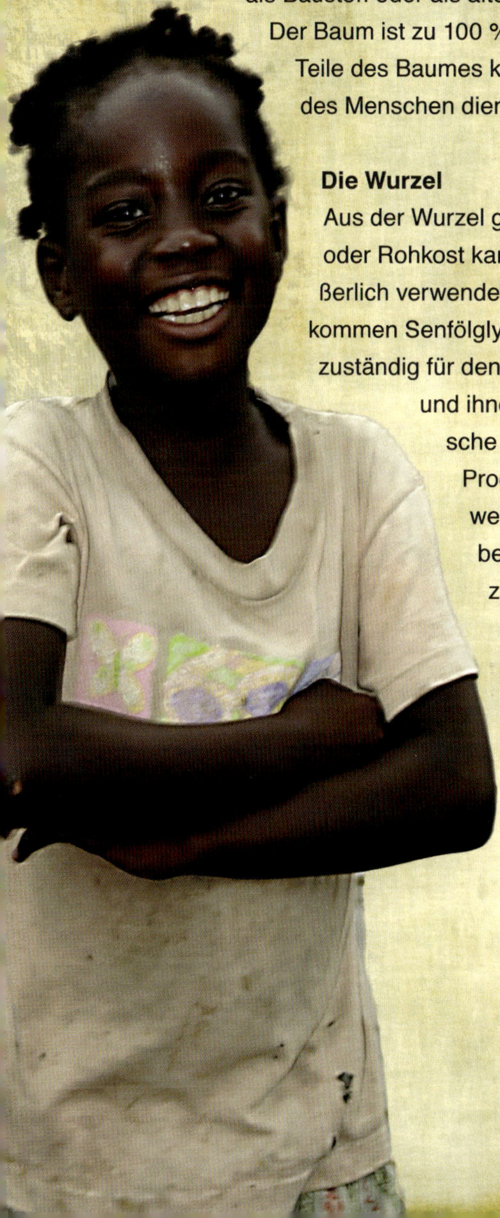

Die Wurzel

Aus der Wurzel gewonnener Saft, Pulver oder Rohkost kann innerlich oder äußerlich verwendet werden. In der Wurzel kommen Senfölglycoside vor. Sie sind zuständig für den scharfen Geschmack, und ihnen wird eine antibiotische Wirkung zugeschrieben. Produkte aus der Wurzel werden daher traditionell bei verschiedenen Entzündungen angewendet, wie z.B. Zahnfleischentzündungen, Rheuma, Abszessen, schlecht heilenden Wunden und auch bei Verdauungsbeschwerden.

Die Rinde

Aus der Rinde wird Rindengummi gewonnen, welches traditionell bei Magen, Zahn – und Ohrenbeschwerden Anwendung findet. Das Rindenharz wird als Gewürz genutzt und gekaute Rinde wird zur Verdauungsunterstützung eingesetzt.

Die Blüten

Die Moringablüten werden traditionell zu Tee, Nektar und sogar zu Honig (natürlich mit Hilfe von Bienen) verarbeitet. Unter optimalen Bedingungen blüht der Baum das ganze Jahr hindurch. Den Moringablütenerzeugnissen werden traditionell stimmungsaufhellende, stimulierende, kräftigende und entzündungshemmende Wirkungen nachgesagt. Die Blüten können auch als Salatbeigabe verspeist werden.

Die Früchte

Die 25 cm – 70 cm langen grünen Früchte des Moringa Baumes, die aufgrund ihres Aussehens „Drumsticks", also Trommelstöcke genannt werden, und wie lange Bohnen aussehen, sind als Gemüse zum Verzehr geeignet. In vielen Ursprungsländern werden die noch nicht ausgereiften Früchte gedämpft, gedünstet oder gekocht verspeist. Sie haben einen spargelähnlichen Geschmack. Dieses Gemüse hat einen mit Bohnen vergleichbaren Proteingehalt und einen mit Hirse vergleichbaren Gehalt an Mineralien und Spurenelementen.

SAMORI
Moringa oleifera
Wildwuchs & Bio

Bestandteile

Blüten,
Früchte (Drumsticks)
Blätter & Zweige (Holz),
Rinde, Wurzel

Die Samen

Die Samenkerne, die in den Früchten enthalten sind, können roh, geröstet oder gekocht verzehrt werden. Sie finden auch in der Kosmetik, in der Haut- und Haarpflege Verwendung, weil hier der sogenannte Lotuseffekt sehr geschätzt wird. Eine weitere Anwendungsmöglichkeit findet sich in der Wasseraufbereitung. Die Samen sind in der Lage Wasser zu desinfizieren, d.h. Keime abzutöten. In den Samen sind Stoffe enthalten, die antimikrobiell und entzündungshemmend wirken. In der traditionellen Anwendung werden Produkte aus den Samen zur Gelenkpflege bei Gelenkbeschwerden eingesetzt. Dazu zählt auch die äußere Einreibung mit Moringaöl, das aus den Samen gewonnen wird.

Moringaöl oder Behenöl

Das aus den Samen gewonnene Benöl, Behenöl oder Moringaöl ist ein sehr wertvolles Öl. In der Antike und im Ayurveda wurde es für kosmetische und medizinische Zwecke verwendet. Mit einem ca. 70 % igen Gehalt an Omega 9 Fettsäuren ist es der Zusammensetzung des Olivenöls ähnlich. Moringaöl enthält wertvolle Pflanzenstoffe, Mineralien, Omega 3-, Omega 6- und Omega 9 Fettsäuren und einen hohen Anteil an Antioxidantien. Es hat also eine sehr hohe Oxidationsstabilität, die dazu beiträgt, dass es nicht ranzig wird. Daher ist es auch ohne Konservierungsmittel sehr lange haltbar.

Das Moringaöl hat antibakterielle und entzündungshemmende Wirkung, die nicht nur kosmetisch von Nutzen ist, sondern besonders bei der Behandlung von Hautleiden und Gelenkschmerzen hilfreich sein kann.

Es ist ein gutes Öl für Massagen. Moringaöl hat auch desodorierende Wirkung, d.h. es neutralisiert Gerüche. Deshalb benutzt man es auch zur Herstellung von Seifen und anderen Produkten zur Körperpflege.

Moringa-Speiseöl kann zur Zubereitung von Speisen verwendet werden. Da es einen sehr hohen Siedepunkt hat, er liegt bei 220 °C, kann es zum Backen und Braten verwendet werden. Auch als Salatöl, für Marinaden oder Soßen ist es gut geeignet.

Sogar in der Feinmechanik hatte Moringaöl einen hohen Stellenwert. Hier wurde es als Schmieröl genutzt.

SAMORI
Moringa oleifera
Wildwuchs & Bio
Bestandteile
Blüten,
Früchte (Drumsticks)
Blätter & Zweige (Holz),
Rinde, Wurzel

Die Blätter

Besonders interessant sind die 1 – 2 cm großen Blätter, die einen Eiweißgehalt von ca. 30 % haben. Aus ihnen wird Tee oder Blattpulver hergestellt. In den Ursprungsländern werden die Blätter roh, gekocht, gedünstet oder in der Pfanne zubereitet, verzehrt.
Der Tee aus Moringablättern hat einen Brennesseltee ähnlichen Geschmack. Er ist reich an Mineralien, sekundären Pflanzenstoffen und Antioxidantien. Der Tee wird traditionell zur Vorbeugung und Gesundheitsunterstützung getrunken. Er wird auch äußerlich in Form von Umschlägen bei Hautproblemen eingesetzt.

Für uns ist besonders das Blattpulver interessant, da es einfach anzuwenden ist und auch in unseren Breiten einfach zu erwerben ist. Die Moringa Blätter werden in einem speziellen Verfahren getrocknet und zu Pulver verarbeitet. Diese Art von Verarbeitung hat keine Auswirkung auf den immens hohen Vitalstoffgehalt des Pulvers. Dieses Pulver wurde von Prof. Klaus Becker an der Universität Hohenheim auf den Nähr- und Vitalstoffgehalt untersucht und mit mehr als 1000 Lebensmitteln verglichen. Das Ergebnis war überraschend und überwältigend.

Die Überraschung: es gibt eine Pflanze, die dem Menschen fast alles an Nahrung liefern kann, was er benötigt, und das in ausgewogener und natürlicher Form. Die einzelnen Vitalstoffe sind im Blattpulver in optimal abgestimmter Form enthalten. Da die Stoffe synergistisch zusammenarbeiten sind sie für den Menschen besonders gut „bio" verfügbar.

Das Blattpulver könnte weltweit viele Ernährungs- und Gesundheitsprobleme lösen. Gerade in den Regionen, in denen Moringa heimisch ist, leiden Menschen unter Hunger. Es gibt diesbezüglich schon einige vorbildliche Projekte, die den Menschen durch Anleitung zur Kultivierung von Moringa, bei der Selbstversorgung und auch beim Verkauf, hilfreich zu Seite stehen.

Sehr oft werden wir gefragt, weshalb Moringa noch so unbekannt ist...

"Der Verkauf aller Formen von Vitaminen und Mineralien für die Verbesserung der Gesundheit ist ein großes Geschäft. Wenn sie ein Unternehmen haben, das hunderte von unterschiedlichen Vitalstoffpräparaten verkauft, warum sollten sie ein Produkt verkaufen, das in der Lage ist, alle anderen zu ersetzen?"

Quelle: Prof. Louis M. De Bruin PhD,
Internationalresearch - Moringa Tree Of Life

SAMORI Wildwuchs Qualität
Seit Jahren stabil und hochwertig,
ein Garant für beste Moringaprodukte.

Moringa in der Naturheilpraxis

„In meine Heilpraktikersprechstunde kommen Patienten mit den unterschiedlichsten Beschwerden. Vorwiegend handelt es sich um Hauterkrankungen, Allergien, Verdauungsprobleme, Muskel- und Gelenkschmerzen sowie allgemeinen Leistungsabfall mit Schlafstörungen, Kopfschmerzen, psychischen Problemen.

Oft haben diese Patienten schon eine lange Odyssee durch viele Praxen hinter sich und sehen den Besuch beim Heilpraktiker als „letzten Versuch“.

Bei genauer Betrachtung erkennt man einen roten Faden der Ursachen bei diesen Beschwerden.

An erster Stelle besteht bei den meisten Patienten eine Fehlbesiedlung des Darms

(Dysbiose), verursacht durch häufige Antibiotikaeinnahme, ungesunde Ernährung und andere Faktoren.

Da der Darm unser größtes Immunsystem im Körper ist, kommt es irgendwann zu einer Überforderung, die sich durch Krankheit oder Überempfindlichkeit zeigt.
Eine weitere Ursache sind Belastungen durch Viren, Bakterien, Pilze, Parasiten und umwelttoxische Belastungen. Auch Faktoren wie Stress und psychische Belastungen haben einen großen Einfluss auf unser Allgemeinbefinden.

Was ist also zu tun? An erster Stelle steht für mich eine Sanierung des Darms in Kombination mit einer Ernährungsumstellung zu frischkostbetonter Küche und der Einnahme eines Mittels zur Stärkung des Immunsystems.

Durch einen glücklichen „ Zufall“ durfte ich 2009 Moringa kennen lernen. Vorerst war ich sehr skeptisch, als ich erfahren sollte welche Kraft diesem grünen Pulver zugesprochen wurde. Da meine Patienten oft schon viele bittere Pillen schlucken müssen, bin ich aber immer dankbar, wenn man über die Ernährung schon so viel tun

kann. Wie man in diesem Buch lesen kann, besitzt Moringa hervorragende Eigenschaften mit schneller Bioverfügbarkeit und kann als Nahrungsmittel vielfältig eingesetzt werden.

Ich startete einen Selbstversuch. Mein jüngster Sohn(6) wurde im August am Herzen operiert und ich wurde mit den Worten verabschiedet „der Junge darf jetzt ein halbes Jahr nicht krank werden". Als berufstätige Mutter mit einem Kind im Kindergarten war das auch für mich als Heilpraktikerin eine Herausforderung. Ich wollte das grüne Wunderpulver probieren. Gesunde grüne Sachen sind für Kinder ja erstmal ein Anlass zur Nahrungsverweigerung. Also wurde ich kreativ. Moringa kam in den Quark mit Leinöl, wurde in Plätzchen und Brot mit verbacken, in Smoothies und Salatdressings gemischt. Auch in Spinat und Buttergemüse, Kräuterbutter und sogar in Süßspeisen kam eine Prise Moringa. Irgendwann wunderte sich keiner mehr, dass unser Essen oft eine grüne Farbe hatte.

Im November überrollte eine Erkältungswelle den Kindergarten, da gab es Moringa auch mal hoch dosiert - ein Esslöffel, verrührt in einem Glas Orangensaft.
M ein Sohn blieb gesund, seine Genesung war optimal und er spielt jetzt Fußball, geht schwimmen und ist ein gesunder Junge.
Bestärkt durch diesen Erfolg, verordnete ich Patienten mit verschiedensten Symptomen Moringa als Beigabe zur gesunden Ernährung.
Die Akzeptanz war unterschiedlich. Einige von Ihnen bevorzugten die Einnahme von Moringakapseln.

Die Wirkung war durchgehend positiv. Gerade bei Allergikern und Patienten mit rezidivierenden Erkältungen zeigte sich Moringa als gutes Mittel. Positiver Nebeneffekt war, dass sich neben dem verbesserten Allgemeinbefinden auch die psychische Verfassung besserte. Bei Patienten mit veränderter Darmflora waren die Befunde nach 12 Wochen Einnahme von Moringa deutlich besser."

Annett Will
September 2012

Vitalstoff
Quelle

Moringa
Blätter

Kleiner Exkurs in die Welt der Vitalstoffe, ihre Aufgaben im menschlichen Körper, und was Moringa damit zu tun haben könnte.

Was aus der sogenannten Ethnomedizin über Moringa an positiven Wirkungen bei Erkrankungen, wie z.B. Entzündungen, Erkrankungen des Herz-Kreislauf-Systems, Bluthochdruck, Stoffwechselerkrankungen, Diabetes, und einigen mehr überliefert wurde, ist nun mit neuesten wissenschaftlichen Methoden erforscht worden.

Man hat die Pflanze auf die einzelnen Inhaltsstoffe untersucht und ist zu folgenden Ergebnissen gekommen: Moringabestandteile enthalten Verbindungen, die antientzündlich, antikanzerogen, antioxidativ, immunmodulierend, blutdrucksenkend, cholesterinsenkend, blutzuckerbeeinflussend und verdauungsfördernd sein können.

Moringa kann Ernährungslücken füllen und den Stoffwechsel harmonisieren, eine grundlegende Voraussetzung für Gesundheit. Um dies näher zu erläutern startet hier der kleine Exkurs in die Welt der Ernährungsgrundlagen des Menschen.

Wir nehmen auf – und geben ab, dazwischen liegt der Stoffwechsel. Die Stoffe werden auf der Reise durch den Verdauungstrakt so verändert, dass wir sie nutzen können. Wenn alles gut läuft, gelangen sie bis in die kleinste Zelle.

Wir beziehen unsere Energie, Brennstoff und Baustoff, Steuerungselemente und Reinigungsmittel aus unserer Nahrung, die sich grob einteilen lässt in Energieträger: Eiweiße-Fette-Kohlenhydrate und Funktionsstoffe: Vitamine-Mineralstoffe-Spurenelemente-auch Phytamine (sekundäre Pflanzenstoffe) Fehlt ein Stoff, kommt es zu einem Ungleichgewicht, was sich in körperlichen Mangelerscheinungen zeigen kann. Im Umkehrschluss heißt das, wenn Ernährung optimal ist, ist zumindest der Körper im Gleichgewicht. Dieses Gleichgewicht ist Grundvoraussetzung für die Gesunderhaltung und Lebensqualität. Die weiteren Lebensumstände wie Umwelt, Psyche, etc. können die Gesundheit selbstverständlich erheblich beeinflussen. Wir haben jedoch selbst die Möglichkeit mit einer optimalen Ernährung unseren Körper im Gleichgewicht zu halten. Dabei kann uns Moringa hilfreich unterstützen.

Proteine (Eiweiß) Aminosäuren - unser Baustoff

Eiweiß ist lebenswichtig. Es ist der Baustoff des menschlichen Körpers, mit 1/5 des Körpergewichts. Der Eiweißanteil der Nahrung sollte bei 10 -15 % liegen,
Moringa-Blattpulver besteht zu 30 % aus Eiweiß.

Warum sollte man bei der Ernährung besonders auf Eiweiß achten?

Wenn es um zu einem Energiemangel in der Versorgung kommt, hat der Körper folgende Ausgleichsmechanismen zur Verfügung:
Fette können aus aufgenommenen Kohlenhydraten umgewandelt werden. Kohlenhydrate sind in der Regel ein großer Teil der Ernährung. (Dieser Mechanismus kommt zum Tragen, wenn mal zu wenig Fett aufgenommen wurde und die Körperfettreserven aufgebraucht sind, was in unseren Breiten eher selten der Fall ist.)
Kohlenhydrate können aus Eiweißen umgewandelt werden. (Als Ersatzreserve, falls weder Fett noch Kohlenhydrate zur Verfügung stehen.) Nur Eiweißaufbau ist abhängig von Eiweißzufuhr von außen, es kann nicht aus anderen Stoffen hergestellt werden.
Eiweiße, die auch Proteine genannt werden, bestehen aus einzelnen Teilstücken, den Aminosäuren. Diese Aminosäuren sind wichtige Bausteine für den menschlichen Körper. Besonders wichtig sind sie in den Wachstumsphasen.

Der Körper kann die Eiweiße jedoch nicht direkt aus der Nahrung nehmen und als Baustoff verwenden. Erst müssen die gigantisch langen Eiweißketten in die kleinsten Bauteile, die Aminosäuren, zerlegt werden, mit denen dann Bindegewebe, Muskeln, Knochen, Haut, Haare, Nägel, Hormone, Transmitter, Enzyme, Abwehrzellen repariert, ausgebessert oder aufgebaut werden können. Beispiele für spezielle Proteine:
Enzyme sind Proteine, die Reaktionen im Körper anschieben, sogenannte Biokatalysatoren. *Hormone* sind Proteine, die den Stoffwechsel regulieren. *Kontraktive Proteine* befinden sich in den Muskeln und sorgen dafür, dass der Muskel arbeitet. *Schutzproteine* sind z.B. Immunglobuline, Antikörper, die zu unserem Schutz das Immunsystem unterstützen. *Strukturproteine*, wie z.B. Elastin, sind am Bau des elastischen Bindegewebes beteiligt. *Transportproteine* transportieren beispielsweise Sauerstoff im Blut mit Hämoglobin.

Menschliches Körpereiweiß unterliegt ständigen Auf- und Abbauprozessen, wobei sich Auf- und Abbau normalerweise die Waage halten. Die Speicherung von Eiweiß ist nur begrenzt möglich.

Es gibt insgesamt 20 kleine Eiweißbausteine, aus denen alle Eiweißverbindungen in verschiedensten Kombinationen und Längen zusammengesetzt sind. 8-10 der 20 Aminosäuren sind essentiell, d.h. lebensnotwendig.

Diese müssen zugeführt werden, weil der Körper sie nicht selbst herstellen kann. Die anderen Aminosäuren kann der Körper selbst herstellen. (fast alle sind in Moringablattpulver enthalten)

Das Gehirn reagiert besonders auf Mängel in der Ernährung, vor allem auf einen Mangel an Aminosäuren. Die essentiellen Aminosäuren bestimmen die körperliche und geistige Verfassung – Wachheit, Müdigkeit, Stimmungslage. Sie bestimmen ob wir beschwingt, ideenreich, entschlossen, konzentriert, entspannt, schläfrig oder sogar depressiv sind, weil Hormone und Neurotransmitter im Gehirn, dazu zählen auch die Auslöser für Gefühle, Eiweiße sind. Ist der Nachschub an Eiweiß gedeckt, können Körper und Geist optimal funktionieren. Für das Gehirn sind auch die Vitamine der B Gruppe besonders wichtig. z.B. bildet Cholin zusammen mit einer Aminosäure, Acetylcholin,

welches der Neurotransmitter für „Intelligenz“ (Denken, Konzentration, Gedächtnisleistung) ist.
Die einzelnen Eiweißbausteine müssen aber auch in den 70 Billionen Körperzellen ankommen.

Wir leiden an Eiweißmangel, wie kann es denn dazu kommen bei dem reichhaltigen Angebot?
50 g- 100 g reines Eiweiß verbraucht der Mensch täglich. Der Durchschnitts-Deutsche (möglicherweise auch der Durchschnitts-Europäer) isst mehr als 100 gr. Eiweiß täglich, meist in Form von fettem Braten – als überwiegend denaturiertes tierisches Eiweiß, welches Übergewicht und Gicht verursachen kann – in Kombination mit Cholesterin verstopft es gern die Gefäße – in Kombination mit Fett wandert es auf die Hüften.

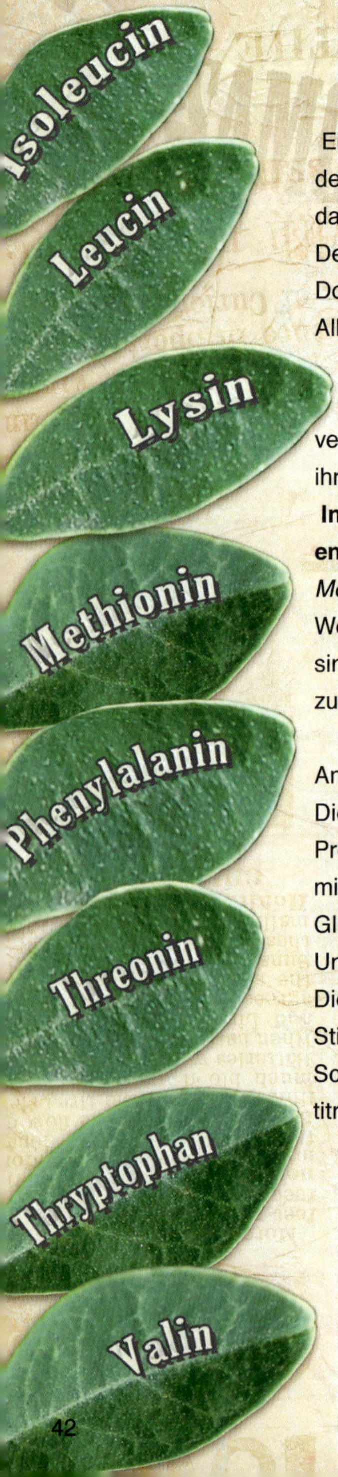

Eine Folge von zu viel Fett und zu wenig Vitalstoffen in der Nahrung, zusammengenommen mit schlechter Verdauung ist, dass die wertvollen Eiweißbausteine nicht ins Depot wandern können, sondern im Darm liegen bleiben. Dort fängt Eiweiß an zu faulen und gären und kann so zu Allergien führen.

Qualitativ hochwertiges Eiweiß liefert Moringablattpulver. Dies ist sicherlich auch für Vegetarier interessant, die ihren Eiweißpool aus Pflanzen kombinieren müssen.
In Moringapulver sind alle essentiellen Aminosäuren enthalten. Dazu zählen: *Histidin, Isoleucin, Leucin, Lysin, Methionin, Phenylalanin, Threonin, Tryptophan und Valin.* Welche Mengen im Einzelnen in Moringapulver enthalten sind, ist am Ende unter der Rubrik, „für Tabellenfreunde“ zu finden.

Die Aminosäure ***Phenylalanin*** kann in der Leber in die Aminosäure *Tyrosin* umgewandelt werden.
Diese beiden Aminosäuren sind sehr wichtig bei der Produktion der Neurotransmitter und Endorphine: Tyramin, Dopamin, Noradrenalin und Adrenalin, die auch als Glückshormone bezeichnet werden können.
Unterstützt wird diese Produktion durch Vitamin B 6.
Die oben genannten Aminosäuren sind wichtig für die Stimmungslage. Sie sind beteiligt an der Regulation der Schilddrüse, und des Schlaf-Wach- Rhythmus, der Appetitregulation und unterstützen uns bei Stress.

Anwendung finden sie bei: Alzheimer, Depressionen, Parkinson…

Die Aminosäuren *Leucin, Isoleucin* und *Valin* kommen in Lebensmitteln in großen Mengen vor. Sie sind besonders in der Muskulatur zu finden und dienen dort als Energiequelle. Sie sind beteiligt an der Proteinsynthese (der Eiweißherstellung) und wirken daher dem Eiweißabbau in der Muskulatur entgegen.

Sie beeinflussen den Gehirnstoffwechsel – somit auch den psychischen Zustand.

Leucin ist wesentlich für muskuläre und körperliche Ausdauer. *Isoleucin* ist wichtig für die Muskel- und Geisteskraft. Sie ist auch eine der gehirnaktiven Aminosäuren, die zum Aufbau von Neurotransmittern (Botenstoff für Gehirn- und Nervenzellen) nötig ist und erhöht die mentale Belastbarkeit und Denkgeschwindigkeit. *Valin* ist wichtig für das Abwehrsystem.

Lysin stimuliert das Wachstumshormon und ist der Jungbrunnen unter den Aminosäuren. Als Teil des Carnitins ist sie mitbeteiligt an der Fettverbrennung, stimuliert die Virenabwehr und ist wichtig für das Immunsystem.

Bei einem *Lysin* Mangel kommt es zu Wachstumsstörungen und gestörtem Immunsystem.

Ein kleines Samenkorn

Die Lösung für große Probleme dieser Welt

Histidin ist halbessentiell. Histidin kann in kleinen Mengen im Körper hergestellt werden, wobei der tägliche Bedarf jedoch höher ist, als die hergestellte Menge. Sie ist wichtig für die Hämoglobinsynthese (Blutfarbstoff), für die Histamin Synthese und sie ist wichtig für die Aktivität der weißen Blutkörperchen, den Abwehrzellen des Immunsystems. Histidin wird zum Aufbau des roten Blutfarbstoffes benötigt, der für den Eisen- und Sauerstofftransport sorgt und sie reguliert Zellwachstum und Regeneration. Außerdem wird sie in den Mitochondrien (den Zellkraftwerken) zur Sauerstoffübertragung und zur Kraftentfaltung benötigt.
Histidin findet Anwendung bei Anämie, wenn die Produktion von Hämoglobin gestört ist, sowie bei Arthritis und Stress. *Threonin* ist essentiell und ist für das Wachstum lebenswichtig. Sie kann im Körper in Glycin (eine nicht essentielle Aminosäure) umgewandelt werden. Sie unterstützt die Weitstellung der Blutgefäße, damit die Durchblutung des ganzen Körpers. *Trytophan* ist essentiell.

Sie kommt am wenigsten in der Nahrung vor. Sie ist ein Vorläufer von Vit B 3 und ist beteiligt an der Zinkaufnahme. Außerdem ist sie Ausgangssubstanz für Serotonin, das Hormon der inneren Ruhe und Ausgeglichenheit und Schlüsselsubstanz für die Herstellung von Melatonin, dem hormonellen Jungbrunnen und dem Wachstumshormon Prolactin. Alle 3 können die Stimmungslage beeinflussen. Bei Tryptophanmangel sind Depressionen bis hin zu Psychosen möglich. Die Aminosäuren *Methionin* und *Cystei*n enthalten Schwefel und wirken antioxidativ. *Cystein* ist nicht essentiell aber trotzdem sehr wichtig.

Sie bildet zusammen mit Glutamin und Glycin, Glutathion. Glutathion ist das wichtigste wasserlösliche Antioxidans, welches auch im Blut anzutreffen ist. Glutathion wirkt zusammen mit Glutathionperoxidase (ein selenhaltiges Enzym) gegen freie Radikale und stärkt das Bindegewebe und ist über Umwege beteiligt an der Produktion von Zellmembranen und Myelin, welches extrem wichtig ist zum Schutz der Nervenzellen.

Anwendung:
Bei Alkoholkonsum – zum Schutz der Leber und anderer Gewebe vor den giftigen Abbauprodukten des Alkohols. Bei alterungs- und chronischen Prozessen hat sie antioxidative Wirkung.

Zur Entgiftung von Medikamenten, bakteriellen Giften, peroxidierten Fetten (ranzig werden), Schwermetallen, Luftverschmutzung, Lebensmittelzusatzstoffen, Pestiziden und noch einigem mehr.

Methionin ist essentiell. Sie bildet die Vorstufe zu den nicht essentiellen Aminosäuren Cystein und Taurin, ist ein Methyl Lieferant – die Methylgruppe wirkt gegen Histamin (wichtig bei allergischen Reaktionen), sie ist wichtig bei der Eiweiß- und Hormonherstellung.

Methionin ist besonders in der Leber und im Gehirn aktiv, ein Mangel kann daher psychische Störungen, wie Angst und Depression hervorrufen.

Anwendungsgebiete sind Allergien, Arthrose, Depression und zusammen mit Zink Schwermetallausleitung.
Sie wird eingesetzt bei Harnwegsinfekten, zur Bakterienwachstumshemmung durch Ansäuerung des Urins, was auch die Bildung von Phosphatsteinen in den Harnwegen verhindert, sowie bei Hepatitis, Parkinson, Schizophrenie und Suchterkrankungen.
Arginin ist nicht essentiell und kann vom Körper selbst hergestellt werden, kann aber ergänzend eingesetzt werden bei bestimmten Beschwerden. Sie beeinflusst den Hormon – und Eiweißstoffwechsel, vor allem die Hormone Insulin und Noradrenalin betreffend.
Sie hilft dem Körper, sich von überschüssigem Harnstoff zu befreien und ist beteiligt an der Regulation der Erweiterung der Blutgefäße (sehr interessant für Menschen mit erhöhtem Blutdruck).

Chinesisches Zeichen des Glückes und der langen Lebensdauer

Anwendung:
Bei *Arteriosklerose* – zur Erweiterung der Blutgefäße und Senkung des Cholesterinspiegels.
Bei *Diabetes* – entgegen der Verklebung der Blutplättchen und zur Verbesserung des Blutflusses.
Bei *Krebs* – zur Wachstumsverlangsamung von Tumoren, die viral oder chemisch bedingt sind.
Bei *Stress*: zum Ausgleich der Stressproduzierenden Hormone. Zur Wundheilung.
Mineralien sind überall dabei, machen uns elektrisch.
Mineralien und *Spurenelemente* gehören zu den essentiellen Bestandteilen der Ernährung. Mineralien, deren Anteil an der Körpermasse mehr als 0,01 % beträgt, werden Mengenelemente genannt, Spurenlemente haben einen kleineren Anteil als 0,01 % am Körper, kommen also nur in Spuren vor.

Da der Körper Mineralien nicht selbst herstellen kann, ist eine bedarfsgerechte Aufnahme erforderlich.

Im Stoffwechselgeschehen werden sie zunächst aufgenommen, an entsprechender Stelle benutzt oder eingebaut und nach Gebrauch wieder ausgeschieden. Mineralien gehen nicht verloren. Sie sind selbst in der Asche von verbrannten Pflanzen wiederzufinden.

Dennoch erfüllen sie lebenswichtige Aufgaben, wie die Aufrechterhaltung des Säure-Basen-Gleichgewichtes und die pH-Wert-Regulierung in den Körperflüssigkeiten und Zellen, den Aufbau von Knochen und Zähnen, die Regulation des Elektrolythaushaltes und die Förderung oder Hemmung von Enzymen.
Spurenelemente sind für alle Vorgänge im Körper, an denen Hormone und Enzyme beteiligt sind, unentbehrlich. Sie sind Bestandteil von Enzymen und können Enzyme aktivieren oder hemmen.

Bei einer Unterversorgung von den nötigen Treib- und Schmierstoffen, könnte Ihr Auto bald so aussehen.

Wenn es Ihrem Körper längere Zeit an Vitalstoffen mangelt, fühlt er sich bald wie das nebenstehende Auto!

Mineralien oder Elektrolyte haben also auch regulierende Funktionen. Sie regulieren die elektrische Leitfähigkeit im menschlichen Körper und dienen als Energielieferanten. Mineralien werden über Harn oder Stuhl und auch über den Schweiß, wieder ausgeschieden. Was passiert, wenn ein Sportler nicht genügend Mineralien zur Verfügung hat, ist ja bekannt. Es kommt zu Krämpfen. Um dem entgegen zu wirken trinken viele Sportler Elektrolyt-Getränke, die nichts anderes sind als in Wasser gelöste Mineralien. Elektrolyte sind Mineralien in Ionenform, die sich durch eine Ladung auszeichnen. Sie sind unterteilt in Kationen (positiv geladen und mit einem + bezeichnet) und Anionen (negativ geladen und mit einem – bezeichnet). Elektrolyte regulieren unseren Füssigkeitshaushalt, vor allem den Ausgleich zwischen Flüssigkeit innerhalb und außerhalb der Zelle und sie regulieren Säuren und Basen im Körper.

Säuren bezeichnet eine Gruppe, die einen kleineren pH-Wert als 7 hat, Basen haben einen pH-Wert der größer als 7 ist. Der pH-Wert ist die Aktivität der negativ geladenen Wasserstoffionen. Die pH-Werte sind je nach Standort im Körper verschieden und müssen genau reguliert werden, damit Enzyme und Hormone richtig funktionieren können. Desweiteren spielen Mineralien eine wichtige Rolle im Blut- und Lymphsystem und fungieren aufgrund ihrer „Ladung“ als Radikalenfänger.

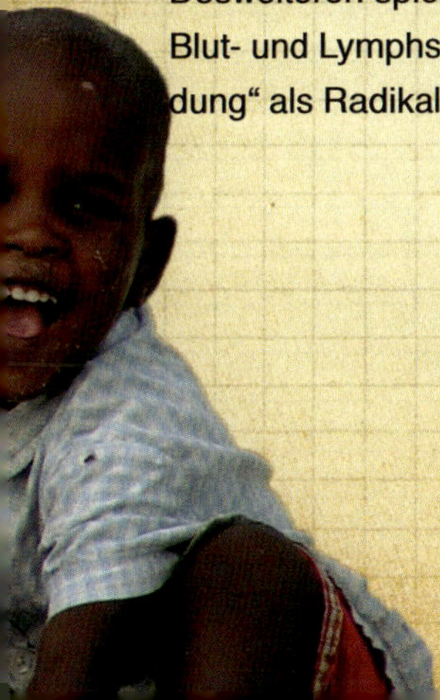

Die Mengenelemente, die auch in Moringablattpulver enthalten sind, sind: Calcium, für gesunde Knochen
dient dem Aufbau und der Erhaltung von Knochen und Zähnen, ist wichtig für die Reizweiterleitung zwischen Nervenzellen und in der Muskulatur und spielt eine wichtige Rolle bei der Blutgerinnung und bei der Aktivierung von Enzymen.

Kalium, fürs Herz
aktiviert Enzyme und ist wichtig für die Reizweiterleitung der Nervenzellen. Es wirkt entwässernd und ist besonders wichtig für die störungsfreie Arbeit des Herzens. Wenn es zu Kaliumverlusten, aufgrund von Durchfallerkrankungen, Abführmittelmissbrauch, häufigem Erbrechen kommt, können Symptome wie Herzrhythmusstörungen, Muskelschwäche, Muskelkrämpfe auftreten. In Extremfällen kann es sogar zu Nierenversagen kommen.

Magnesium, für Entspannung wie Leistung
wichtig für Nerven, Muskeln, Knochenaufbau und Bestandteil vieler Enzyme. Ist an der Aktivierung von ca. 300 Enzymen beteiligt, wichtig für die Muskelkontraktion und das Zusammenspiel von Nerven und Muskeln. Auch Magnesium dient als Bausubstanz für Knochen und Zähne.

Es kommt als Bestandteil des grünen Blattfarbstoffes, des Chlorophyll, in allen grünen Pflanzen vor.

Phosphor, für die Energieübertragung
ist wichtig beim Aufbau der Knochen und Zähne (so wie Calcium), ist wichtig für die Nerven, ist an der Energieproduktion- und Übertragung, sowie an der Kontrolle der Körperflüssigkeiten beteiligt.

Schwefel, als Eiweißbaustein
als Eiweißbaustein bildet Schwefel chemische Brücken zwischen den einzelnen Aminosäuren und ist somit für Form und Festigkeit der Eiweiße verantwortlich.
Zu den Spurenelementen, die auch in Moringa enthalten sind, gehören Eisen ist Bestandteil des roten Blutfarbstoffs Hämoglobin, unerlässlich für den Sauerstofftransport im Blut und unerlässlich im Energiestoffwechsel. Außerdem ist Eisen Bestandteil von Enzymen und anderen Eiweißverbindungen, wie Hormonen, Neurotransmittern, etc. Normalerweise sind tierische Nahrungsmittel die Hauptlieferanten für Eisen. Eine Ausnahme bildet hier Moringa, mit einem hohen Eisenanteil. Eine weitere gute Nachricht für alle Vegetarier, die unter Eisenmangel leiden. Eisenmangel zählt zu den häufigsten Mangelerkrankungen. Er kann zu Eisenmangelanämie (Blutarmut) führen.

Kupfer, für Knorpel und Knochen
wichtig für die Blutbildung, die Knochenbildung und für das Immunsystem. Chrom, für den Blutzuckerspiegel wichtig für die Verstärkung der Insulinwirkung, hält somit den Blutzuckerspiegel konstant, also besonders interessant für Diabetiker.

Mangan, für Knochen und Knorpel
wichtiger Enzymbestandteil, welches aus Zucker und Schwefelverbindungen eine Substanz baut, aus der Bindegewebe, Knorpel und Knochen aufgebaut sind.

Zink, fürs Immunsystem und die Haut
wichtig für das Immunsystem, für den Zucker- und Hormon-, Enzym- und Eiweißstoffwechsel. Außerdem ist es an der Muskelkontraktion beteiligt. Besonders hervorzuheben ist die Beteiligung von Zink am Serotonin-Stoffwechsel. Serotonin ist eines der Glückshormone, es sorgt für gute Stimmung. Zink hat auch entzündungshemmende Eigenschaften, vor allem, wenn es um die Haut geht. Viele werden sich sicherlich an die gute alte Zinksalbe und ihre hervorragende Wirkung auf wunde Babypopos erinnern.

Silicium, für den Gerüstbau
neben Calcium, Magnesium und Phosphor ist es erforderlich für den Aufbau von Bindegewebe und Knochen und

spielt eine wichtige Rolle im Transport von Nährstoffen, bei der Entgiftung und bei der sog. Zellatmung d.h. Energiegewinnung in der Zelle.

Selen, gegen Gifte

wichtig als Zellschutz und als Stärkung für das Immunsystem, was besonders bedeutungsvoll für Krebstherapie und Schilddrüse sein kann. Außerdem ist Selen als guter Radikalenfänger, im besonders erfolgreichen Team mit Vitamin E, A und C, wichtig für die Entgiftung von Umweltgiften.

Molybdän,

spielt eine wichtige Rolle im Harnsäurestoffwechsel.

Bor

wichtig für die Vitamin D Synthese, beteiligt am Aufbau von Hormonen, wichtig für Knochen und Gehirn- und Nervenzellen.

„Vita“-mine- für das Leben wichtig

Was tun eigentlich Vitamine? Jeder weiß, dass sie irgendwie gesund sind, aber warum? Der menschliche Körper kann sie leider nicht selbst herstellen, so dass sie über die Nahrung aufgenommen werden müssen.

Vitamine sind äußerst empfindliche Verbindungen, die für den Ablauf fast aller lebenswichtigen Stoffwechselvorgänge notwendig sind und die schädliche freie Radikale bändigen können.

Als Bestandteil von Enzymen und Coenzymen sind sie unverzichtbar. Leider sind sie durchLicht, Hitze, Kälte und Sauerstoff leicht zerstörbar.

Bereits das Fehlen eines einzigen Vitamins kann vitale Prozesse stören. Ein größerer Mangel kann schwerwiegende gesundheitliche Folgen haben.

Da wasserlösliche Vitamine nicht gespeichert werden können, ist die regelmäße Aufnahme unumgänglich. Fettlösliche Vitamine können bis zu einer gewissen Menge in der Leber und im Fettgewebe gespeichert werden.
Alle nachfolgend genannten Vitamine sind auch in Moringa enthalten.

Vitamin C , Ascorbinsäure, für Abwehrkraft und Bindegewebe
Das Immunvitamin ist eine große Unterstützung für das Immunsystem, kann die Bildung von sehr schädlichen Nitriten und Nitrosaminen blockieren, hilft gegen Bluthochdruck und begünstigt die Senkung des Blut-Fett-Spiegels. Vitamin C spielt eine Rolle bei der Kollagensynthese, die wichtig für die Haut, das Bindegewebe, Knorpel, Knochen und Zähne ist. Außerdem ist Vitamin C wichtig für die Eisenresorption im Dünndarm und einer der besten Radikalenfänger. Zusammen mit Vitamin E sorgt es dafür, dass die Fettverbrennung in den Zellen ordnungsgemäß abläuft. Der Tagesbedarf liegt bei mindestens 75 mg.

„Alle großen Entdeckungen
gehen durch drei Stadien.
Erst werden sie belächelt,
dann werden sie heftig bekämpft
und schließlich werden sie als
selbstverständlich angenommen!“

Arthur Schopenhauer

B-Vitamine

Der Vitamin B-Komplex pflegt das Nervensystem – dazu zählt auch das Gehirn. Bei den B-Vitaminen handelt es sich um verschiedenste Verbindungen, die jedoch eines gemeinsam haben: sie alle sind wasserlöslich, sie halten gemeinsam das Nervensystem funktionsfähig, sind besonders wichtig für eine gute Hirnleistung und können daher das Denken und auch die Psyche beeinflussen.

Vitamin B 1 – Thiamin - für die Leistungsfähigkeit

Es sorgt mit dafür, dass mit der Nahrung aufgenommener Zucker zur Energiegewinnung bereitsteht, besonders wichtig für die Nervenzellen und den Kohlenhydratstoffwechsel.

Vitamin B 2 – Riboflavin - macht munter

Es dient als Reaktionsbeschleuniger im Stoffwechselgeschehen, besonders im Kohlenhydrat- und Eiweißstoffwechsel, ist, wie Vitamin B1, an der Energiegewinnung beteiligt, hilft der Leber beim Entgiften, ist beteiligt am Auf- und Abbau der roten Blutkörperchen, unterstützt das Immunsystem, hat Schutzwirkung für die Augen und ist außerdem wichtig für gesunde Haut und Schleimhäute.

Vitamin B 3 – Niacin – reguliert
Es spielt eine entscheidende Rolle beim Auf- und Abbau von Kohlenhydraten, Fetten und Aminosäuren und fängt freie Radikale.

Vitamin B 5 – Pantothensäure – neben der Haarpflege noch viel wichtiger für den Organismus, auch als Antistress Vitamin.
Es wird umgewandelt in Co Enzym A, das wichtigste Energiegewinnungsenzym in der Zelle, ist Transporter für Fettsäuren und Zucker in die Zelle und ist
beteiligt an vielen weiteren Umwandlungsprozessen im Kohlenhydrat,- Fett,- und Eiweißstoffwechsel.

Vitamin B 6 – Pyridoxin – das Eiweißvitamin
Es ist beteiligt an vielen enzymatischen Reaktionen, vor allem im Eiweiß- und Aminosäurestoffwechsel und beeinflusst die Funktion des Nervensystems, des Immunsystems und den Aufbau der roten Blutkörperchen.

Vitamin B 7 – Biotin – das Hautvitamin
Es wird, aufgrund des Schwefelgehaltes, im ganzen Körper für Wachstum und Erhaltung von Blutzellen, Nerven, Haar und Haut benötigt und ist Bestandteil vieler Enzyme, die Reaktionen im Kohlenhydrat-, Aminosäuren- und Fettsäurenstoffwechel ermöglichen.

Vitamin B 9 - Folsäure – bildet Blut

Es ist entscheidend beteiligt am Aufbau der roten Blutkörperchen, wirkt mit bei der Bildung der Erbinformation (Gene), bei der Neubildung und Regeneration von Zellen und ist wichtig im Aminosäure Stoffwechsel.

Vitamin E – zum Schutz der Zellen und für die Jugendlichkeit

Es ist ein fettlösliches Vitamin, welches die Zellmembranen schützt, freie Radikale fängt und die Bildung von schädlichen Nitrosaminen hemmt.

Vitamin A Retinol – für Haut und Augen

Beta Carotin ist die Vorstufe von Retinol,
spielt eine bedeutende Rolle bei den Abläufen des Sehvorganges im Auge, beim Zellwachstum und bei der Gesunderhaltung von Haut- und Schleimhautzellen und noch vielem mehr, unter dem Stichwort Beta Carotin.

Ballaststoffe – nicht nur Ballast, wichtige Füll/Faserstoffe mit Reinigungsfunktion

Oder auch, was tut *Moringa für den Darm*: Der Darm, bzw. die Darmschleimhäute von Dünndarm und Dickdarm müssen in Ordnung sein, damit die aufgenommen Vitalstoffe optimal aufgenommen werden können.

Nicht zu unterschätzen ist auch der Einfluss unseres vegetativen Nervensystems, unserem sogenannten Bauchhirn oder Solarplexus, welches sich im Darmbereich befindet. Darmfunktion und Vegetativum beeinflussen sich gegenseitig.

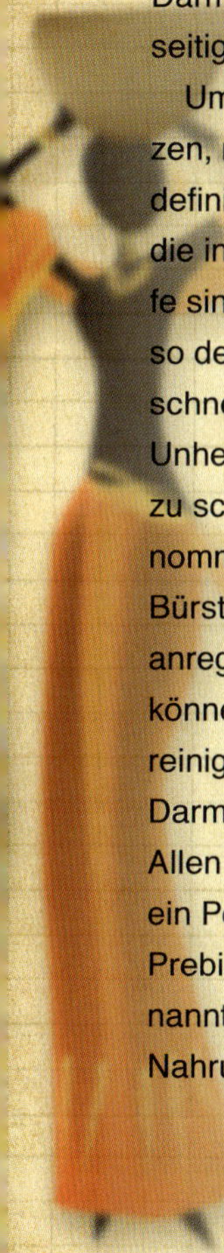

Um die Darmschleimhautpflege von innen zu unterstützen, müssen wir Ballaststoffe zu uns nehmen. Sie sind definiert als unverdauliche Gerüst- und Stützsubstanzen, die in pflanzlichen Lebensmitteln vorkommen. Ballaststoffe sind in der Lage, Wasser im Darm zu binden, machen so den Stuhl voluminös, was die Darmtätigkeit anregt. Je schneller die Passage durch den Darm, desto weniger Unheil können Schadstoffe anrichten. Allerdings nicht zu schnell, denn die Nährstoffe werden hier auch aufgenommen. Die Fasern der Ballaststoffe wirken wie eine Bürste, die die Schleimhaut putzt und die Schleimbildung anregt. Hinzu kommt, dass Ballaststoffe auch Gifte binden können und sie zur Ausscheidung bringen. Sie haben eine reinigende Funktion und sind Ernährung für die nützlichen Darmbakterien, die uns bei der Stoffumwandlung helfen. Allen Voran das Inulin, ein langkettiges Kohlenhydrat bzw. ein Polysaccharid (Mehrfachzucker) welches als wichtiges Prebiotikum gilt. Prebiotika werden Verbindungen genannt, die den lebendigen Mikroorganismen im Darm als Nahrung dienen.

Je besser unsere Mitbewohner ernährt sind und je besser ihr Lebensmilieu im Darm ist, desto besser können sie für uns arbeiten und uns bei der Verdauung und beim Schutz unserer Darmschleimhaut helfen.
100 g Moringapulver enthalten 19,2 g Ballaststoffe. Diese Menge wird nur übertroffen von frischen Leinsamen und Weizenkleie. Empfohlen ist eine tägliche Ballaststoffaufnahme von 30 g.

Phytamine, (sekundäre) Pflanzenstoffe, oder Phytochemicals genannt – für die Pflanzen wichtig, aber auch für uns

Die Wissenschaft erforscht diese Stoffe erst seit den letzten 10 – 20 Jahren genauer. Die Gesamtzahl der sekundären Pflanzenstoffe ist nicht bekannt. Man schätzt die Zahl auf 80.000 bis 100.000. Bisher wurden lediglich 5 % aller Pflanzen auf diese Stoffe untersucht. Es gibt also noch viel zu forschen.

Zu den primären Pflanzenstoffen, die direkt der Ernährung dienen, werden Kohlenhydrate, Eiweiße und Fette gezählt.
Zu den sekundären Pflanzenstoffen zählen alle anderen Stoffe, die nützlich für uns sind. Sie werden auch als Phytamine oder bioaktive Substanzen bezeichnet.

Es handelt sich dabei um zahlreiche verschiedene chemische Verbindungen. Die Pflanzen stellen sie her, zur Abwehr gegen Schädlinge und Krankheiten, als Wachstumsregulatoren und als Farb,- Geruchs,- und Geschmacksstoffe, um fortpflanzungsunterstützende Insekten anzuziehen.
Folgende gesundheitsfördernden Eigenschaften werden den Phytaminen zugeschrieben:
sie können Antikanzerogen (gegen Krebs)
Antimikrobiell (gegen schädliche kleinste Mitbewohner wie Bakterien, Viren, etc)
Antioxidativ (gegen freie Radikale)
Antithrombotisch (gegen Blutverklumpung)
Immunmodulierend (Körperabwehrunterstützung)
Entzündungshemmend
Blutdrucksenkend
Cholesterinsenkend
Blutzucker beeinflussend
Verdauungsfördernd sein.

Ein Beispiel für einen bekannten Pflanzenstoff ist das Allicin, der Stoff, der die Zwiebel scharf macht, den die Bakterien allerdings nicht leiden können und der uns bei Husten helfen kann.

Antioxidantien

Sekundäre Pflanzenstoffe in Moringa
In den Moringablättern finden sich einige für uns sehr wichtige sekundäre Pflanzenstoffe. Zu ihnen zählen:

Carotinoide
Wie der Name schon andeutet – ein Stoff, der für die Farbe der Karotte verantwortlich ist, aber auch in vielen anderen Pflanzen vorhanden ist, wie in grünem und gelb/orangen Obst und Gemüse.
Zu ihnen zählen die Farbstoffe Beta- und Alpha Carotin, Lycopin, Lutein und Zeaxanthin.
Sie schützen die Haut vor UV-Strahlung, schützen vor freien Radikalen, helfen dem Herz-Kreislaufsystem, fördern das Immunsystem, beugen Krebs vor und sind hilfreich für die Augen.

Phytosterine
Diese haben auf sich aufmerksam gemacht durch die Senkung des Cholesterinspiegels. Sie haben einen positiven Einfluss auf den Fettstoffwechsel. Desweiteren hat man antikanzerogene Eigenschaften bei Phytosterinen festgestellt. Das bekannteste unter ihnen ist das Beta-Sitosterin, welches auch in Moringa enthalten ist.

„Die Natur zeichnet ein jeglichs Gewechs so von ir ausget zu dem, darzu es gut ist, darumb man erfahren will, was die Natur gezeichnet hat, so soll mans an den Zeichen erkennen, das tugend im selbigen sind.“

Paracelsus (193-1541)

MORINGA BLATTPULV
FÜR (SEKUNDÄRE) PF

-"TANKSTELLE"
NZENSTOFFE

Saponine
Es gibt viele verschiedene Saponine mit verschiedenen Wirkungen. Einige von ihnen sind sehr bitter. Gemeinsam sind ihnen die gesundheitsfördernden Eigenschaften, wie antikanzerogen, antimikrobiell (gegen Mikroben wie Bakterien, Viren, Pilze) Cholesterin senkend, immunmodulierend und entzündungshemmend, appetitzügelnd und verdauungsfördernd, zuzuschreiben.

Glucosinolate
Sie tragen den typisch Geschmack von Senf oder Meerettich. Dieser Geschmack ist auch typisch für die Moringa Wurzel.

Den Glucosinolaten wird antikanzerogene und antimikrobielle Wirkung nachgesagt. Außerdem regen sie die Verdauungstätigkeit, insbesondere die Fettverdauung an.

Polyphenole
Ist die Bezeichnung für Phenolsäuren und Flavonoide. Flavonoide geben den Pflanzen ihre spezifische Färbung. Zu ihnen zählen beispielsweise die Anthocyane, die dem Rotwein die rote Färbung geben.

Polyphenole sind starke Antioxidantien. Sie gehören zu den aktivsten Radikalenfängern. Sie haben antientzündliche, antikanzerogene Eigenschaften und schützen das Herz-Kreislaufsystem, beugen Arteriosklerose vor und neutralisieren schlechtes Cholesterin. Sie verstärken die Wirkung von Vitamin C um das 30-fache.
In 100 g Moringablättern sind ca 3000 mg Phenolsäuren und 3500 mg Flavonoide enthalten.

Phyto-Östrogene-
sind z.B.
Isoflavone, die pflanzlichen Hormone, die auch in Sojabohnen vorkommen. Sie können die Beschwerden in den Wechseljahren der Frau reduzieren und haben einen positiven Einfluss auf den Knochenstoffwechsel, sowie das Herz-Kreislaufsystem, oder

Lignane, die in Getreide, Kohlgemüse und Leinsamen vorkommen. Auch sie können einen positiven Einfluss auf Wechseljahresbeschwerden haben. Beide Phytoöstrogene können das Risiko, an hormonabhängigen Krebsarten zu erkranken, senken.

Chlorophyll ist der Stoff, der der Pflanze die grüne Farbe verleiht. Chlorophyll hat die Fähigkeit, während der Photosynthese Sonnenlicht zu speichern. Chlorophyll enthält Sauerstoff und viel Magnesium. Für uns hat Chlorophyll sauerstoffanreichernde Eigenschaften im Blut und ist Lieferant für Magnesium, wenn wir es zu uns nehmen. Desweiteren werden Chlorophyll tumorhemmende und bakterienhemmende Eigenschaften nachgesagt.

POST CARD

FOR CORRESPONDENCE

SAMORI-Wildwuchs

Die Philippinen gelten weltweit als das Moringa-Exportland Nummer 1. Unter optimalen Bedingungen wächst, hier in tropischer Umgebung, eine der weltweit beliebtesten Moringaqualitäten.

FOR ADDRESS ONLY

SAMORI steht für **SA**nleaf **MORI**nga in Deutschland kontrollierte Moringa Qualität.

Achten Sie auf dieses Zeichen!

Zeatin-erhält ihr jugendliches Aussehen
SAMORI
Moringa oleifera
Wildwuchs & Bio
SAMORI
...beste Moringa Qualität
Moringa - kann Dank seiner besonderen Eigenschaften helfen, mit den Anforderungen und Belastungen des heutigen Lebens besser umzugehen.

Zeatin, eine Besonderheit

Zeatin ist ein Wachstumshormon, welches in Mais (Zea mais) entdeckt wurde. Für die Pflanze regelt es das Wachstum.

In Moringa ist 1000 mal mehr Zeatin enthalten als in anderen Pflanzen.

Dies erklärt auch das schnelle Wachstum von Moringa.

In jüngster Zeit wird Zeatin in der Kosmetik und Hautpflege aufgrund der Anti Aging Wirkung, also der Fähigkeit freie Radikale zu fangen, eingesetzt. Da die künstliche Herstellung nicht möglich ist und da Zeatin aus Pflanzen äußerst schwer zu synthetisieren ist, sind diese Produkte sehr teuer. Zeatin optimiert das Zellwachstum, den Stoffwechsel und den Energietransport.

Diese hormonähnlichen Eigenschaften können helfen, den Hormonhaushalt zu balancieren, was besonders für Frauen in den Wechseljahren oder in der Pubertät interessant ist.

Alle sekundären Stoffe spielen nicht nur für die Ernährung, sondern auch in der Pflanzenheilkunde eine wichtige Rolle.

Moringa enthält all diese sekundären Pflanzenstoffe mit ihren vielen positiven Eigenschaften für den Menschen. Das erklärt die zahlreichen positiven Berichte über Moringa.

Fettsäuren - damit alles läuft wie geschmiert

Bestimmte Fettsäuren sind lebenswichtig, also essentiell und müssen mit der Nahrung aufgenommen werden. Dazu gehören die Omega-3 und Omega-6 Fettsäuren. Trotz der geringen Unterschiede haben die beiden Fettsäuren verschiedene Wirkungen. In Pflanzen kommen Omega-3 Fettsäuren nur in Form von Alpha-Linolensäure (ALA) vor. Sie müssen noch in die wirksamen Omega-3-Fettsäuren, Docosahexaensäure (DHA) und Eicosapentaensäure (EPA,) umgewandelt werden.

Omega-3 Fettsäuren können, richtig eingesetzt und dosiert, vor Herz-Kreislauf-Erkrankungen schützen, Bluthochdruck reduzieren, die Psyche stabilisieren und die geistige Entwicklung von Kindern verbessern. Sie sind sehr wichtig für den Aufbau der Zellmembranen, vor allem der der Nervenzellen.

Auch Omega-6 Fettsäuren sind lebensnotwendig. Sie können durch chemische Veränderung im Körper auch negative Auswirkungen haben, die jedoch durch ausreichend Omega-3 Fettsäuren wieder reguliert werden können. Daher ist das Verhältnis beider Fettsäuren so wichtig. Es sollte 3:1 betragen. Zu den Omega-6 Fettsäuren gehört die in wenigen Pflanzen vorkommende Gamma-Linolensäure, die Entzündungen entgegenwirkt.

Moringa enthält die essentiellen Fettsäuren Omega-3 und Omega-6 in einer besonders vorteilhaften Kombination. Der Anteil der zweifach ungesättigten Omega-6 Linolsäure beträgt 106 mg pro 100 g Moringapulver (3,3 %). Der Anteil der dreifach ungesättigten Omega-3 Alpha Linolensäure beträgt 624 mg pro 100 g Moringapulver (19,5 %).

Enzyme – steuern und regulieren
Moringa liefert viele wichtige Nährstoffe, die der Körper benötigt um Enzyme herzustellen. Die wenigsten Enzyme werden über die Nahrung aufgenommen. Der Körper stellt alle Enzyme selbst her. Das Enzymsystem kann jedoch empfindlich gestört werden, wenn Enzymbausteine fehlen, wie beispielsweise bestimmte Aminosäuren, Vitamine oder Mineralien.
Insofern unterstützt Moringa den Nachschub an wichtigen Verbindungen für den Aufbau der Enzyme.

Unsere Nahrung – Qualitätsverschiebung im Laufe der Zeit

Unsere „normale“ konventionelle Landwirtschaft sorgt für schön anzusehende Erzeugnisse, mit dem Ziel der Verkaufsmaximierung. Das wirkt sich auf die Nahrungsqualität aus.

Durch Überdüngung, chemische-, sowie Umweltbelastung, durch den Einsatz von Pflanzenschutzmitteln, Antibiotika und Hormonen in der Massentierhaltung, verliert die Nahrung an Qualität.

Beim Pflanzenanbau wurden verschiedene Eigenschaften und Inhaltsstoffe (wie einige sekundäre Pflanzenstoffe) weggezüchtet, und der Ort, an dem unsere Nahrung wächst ist manchmal weiter weg als wir selbst je reisen werden. Unreif geerntet werden die Erzeugnisse auf den Weg gebracht, auf der Reise können sie nachreifen, jedoch nicht mehr am Stamm der Pflanze, so dass wichtige Inhaltsstoffe, fernab der Versorgungsleitung nicht gebildet werden können.

Schutz – vor Umweltgiften und freien Radikalen

Freie Radikale sind wie die Autonomen in der Gesellschaft, ungezügelt aggressiv und können so einigen Schaden anrichten, in Molekülformat. Sie entstehen bei vielen Stoffwechselprozessen als Nebenprodukt, aber auch durch Gifte, die wir aufnehmen über die Nahrung oder Atemluft und Umgebung. Freie Radikale können zu (vorzeitiger) Alterung und Zellschädigungen bis hin zu Krebs führen.

Die Natur hält jedoch eine Lösung für uns bereit, in Form von sekundären Pflanzenstoffen. Sie schützen die Pflanze vor Schäden und auch uns, wenn wir sie verzehren.

Der ORAC-Wert, Schutz gegen freie Radikale ist messbar

Die antioxidative Kapazität von Stoffen bzw. Nahrungsmitteln ist messbar und zwar im ORAC-Wert, die Abkürzung für die englische Bezeichnung „ Oxygen-Radical-Absorbance-Capacity“

Je höher der Wert, desto mehr freie Radikale können eingefangen werden und somit keine Schäden mehr anrichten. Es wird empfohlen, täglich 3000 – 7000 ORAC-Einheiten aufzunehmen. Um diese Menge zu erreichen müsste man täglich 5-10 g Moringapulver zu sich nehmen. Moringapulver (Wildwuchs) enthält ca. 62.600 ORAC-Einheiten pro 100 g. Als Vergleich – die Aronia Beere, die aufgrund der hohen antioxidativen Kapazität derzeit in aller Munde ist, enthält ca. 22.824 ORAC-Einheiten pro 100 g. Wer hätte gedacht, dass dieser hohe Wert noch steigerbar ist, in einer natürlich vorkommenden Pflanze.

Einige ORAC-Werte im Vergleich:

Lebensmittel	Total ORAC (µmol TE/100 g)
Traubenkernmehl	100.000
Moringablattpulver	62.600
Acai-Pulver	39.127
Gojibeeren	32.900
Aroniabeeren, getrocknet	22.824
Mangostansaft	17.000
Holunderbeeren	14.697
Walnüsse	13.541
Cranberries	9.090

Moringa
Kapseln
Moringa
Kapseln
Moringa
Zauber
...verzaubert Ihre Speisen
Samori
Chakalaka
Afrikanische Gewürzmischung
Mori
Wildw
Blattpul

Dinkel-Moringa
Spirellis
Moringa
Wildwuchs-Tee
60 g
Joseph's Bio Dinkelbäckerei
Moringa-Mandel-Keks
Naturprodukte Manufaktur
biologisch köstlich
Erlesene Rohstoffe nach alten, überlieferten Rezepturen schonend und sorgsam verarbeitet.
BIO

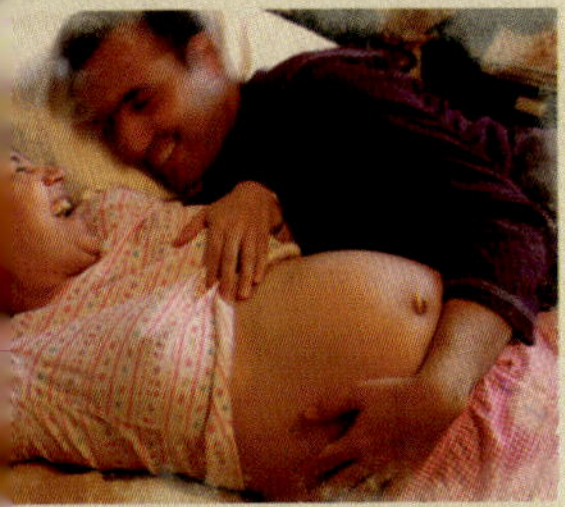

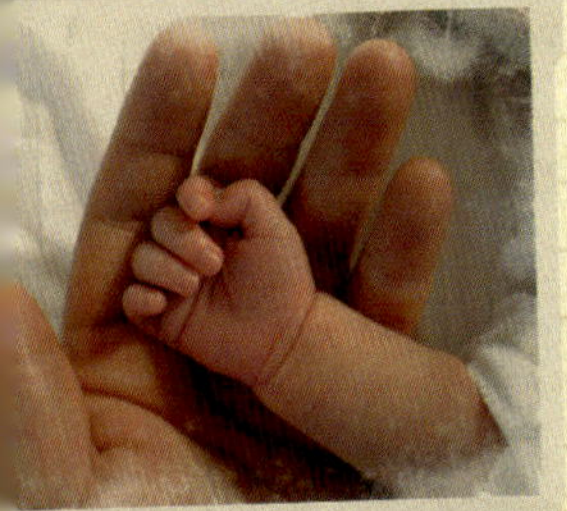

Für wen ist Moringa geeignet?

Moringa ist geeignet für alle Menschen, von der schwangeren Frau bis zum Senioren und für unsere Haustiere, als Nahrungsmittel, in Form von Öl oder Gemüse oder zusätzlich zu unserer Ernährung, in Form von Moringablattpulver.

Wenn *schwangere Frauen* zusätzlich Moringa nehmen, fördert dies das gesunde Wachstum des Säuglings und die Milchbildung. Nicht nur für Säuglinge, sondern auch für heranwachsende Kinder ist Moringa besonders zu empfehlen, denn sie benötigen für gesundes Wachstum besonders viele Nähr- und Aufbaustoffe. Im Schulalltag, im Kontakt mit vielen anderen Kindern und in den Städten sind unsere Kinder besonders vielen Einflüssen ausgesetzt, die eine Herausforderung für das Immunsystem darstellen. Alle anderen Entwicklungen der Welt tun ihres dazu. Die Welt ist nicht mehr so natürlich wie sie einmal war. Darunter leiden wir alle mehr oder weniger. Am meisten jedoch die Kinder. Wenn man ihnen eine optimale Ernährung bietet, haben Körper und Geist die Möglichkeit sich gut zu entwickeln. Vor allem Gehirn – und Nervenzellen benötigen zum Wachstum und zum Schutz besondere Verbindungen, die für die geistige Entwicklung und Konzentrationsfähigkeit wichtig sind. Diese sind in natürlicher Form in Moringa enthalten. Geben wir den Kinder eine gute Basis.

Was haben Frauen und Vegetarier gemeinsam?
Vielen mangelt es an Eisen und B-Vitaminen. Eisen und B-Vitamine kommen hauptsächlich in tierischen Produkten vor. Da Vegetarier keine tierischen Produkte zu sich nehmen, müssen sie besonders auf die Zufuhr von Eisen und B-Vitaminen achten. Frauen verlieren während der Menstruation Eisen. Durch eine ausgewogene Ernährung lässt sich ein Mangel gut vermeiden. Dabei kann Moringa sehr unterstützen.

Pubertät und Wechseljahre
Diese besonderen Phasen im Menschenleben zeichnen sich durch große hormonelle Veränderungen aus.

Besonders die Funktion und Zusammensetzung von Hormonen und Transmittern sind von der Nährstoffzufuhr abhängig. Umso wichtiger ist es, in diesen Phasen auf eine optimale Grundversorgung zu achten.

Auch hier kann Moringa viele Verbindungen zur Verfügung stellen. Besonders zu nennen sind hier die Phytoöstrogene, die einen positiven Einfluss auch so manche Umstellungsschwierigkeit haben.

Moringa im Leistungs- und Breitensport

Als Sportphysiotherapeut arbeite ich vorwiegend im Radsportbereich. Hier ist es wichtig, dass die Sportler in kürzester Zeit optimal mit energie- und mineralstoffreicher Nahrung versorgt werden. Diese sollte trotzdem leicht verdaulich, schnell bioverfügbar und möglichst schmackhaft sein. Leistungssportler müssen zur optimalen Versorgung oft Aminosäuren in hochkonzentrierter Form zu sich nehmen. Tierisches Eiweiß weist einen hohen Gehalt an Säuren auf, welche wieder durch basische Mineralien wie Kalzium, Magnesium und Kalium neutralisiert werden müssen. Außerdem ist es schwer verdaulich und belastet den Magen-Darmtrakt.

In der Praxis sieht es so aus, dass Sportler vor oder während der Wettkämpfe oft mit Übelkeit und Magenbeschwerden zu tun haben. An dieser Stelle kommt Moringa ins Spiel. Verarbeitet in Riegeln, Keksen oder Getränken liefert es in hervorragender Kombination Aminosäuren und Mineralstoffe, welche schnell bioverfügbar und gut bekömmlich sind.

Thomas Will
Sportphysiotherapeut
REDVIL
HEIDELBERGER
BETONELEMENTE
HEIDELBERGCEMENTGroup
LOOK
MAVIC
www.SRM.de
ULTEGRA
nergie in sachsen
REHA

Maximilian Levy

www.maximilian-levy.de

Der erste Deutsche unter 10 Sekunden über 200 Meter!

Silber & Bronze in London 2012

...gesunde Ernährung im Fokus

Olympia-Medaillengewinner, Weltmeister, Europameister im Bahnradsport Maximilian Levy war einer der ersten Leistungssportler, der Moringa als Sporternährung für sich nutzte.
Durch Ernährungsumstellung und Einsatz von Moringa, Erdmandeln und Braunhirse konnte Maximilian seine Leistungsfähigkeit im Training und beim Wettkampf und auch sein Gewicht optimieren.
Ein wichtiger Faktor für ihn war und ist auch die bessere Verträglichkeit der Nahrungsmittel und damit seines Allgemeinbefindens.

Außerdem wirkt sich der hohe Vitamin- und Mineralstoffgehalt positiv auf das beim Leistungssport sehr strapazierte Immunsystem aus. Oft gehen beim Leistungs- und auch beim Breitensport viele Sportler an ihre Grenzen und werden dann nach Wettkämpfen oder langen Trainingseinheiten krank. Moringa ist an dieser Stelle ein gesundes Nahrungsmittel, um die leeren Speicher wieder aufzufüllen und das Immunsystem zu stärken.

Thomas Will
September 2012

.uch für Leistungssportler bestens geeignet,
:rüne Smoothie-Würfel mit 40% Moringa

Thomas Will und Marco Penotti
(Team Telekom)2007

Senioren

Eine altersgerechte Ernährung und regelmäßige Bewegung sind die Basis für körperliches und seelisches Wohlbefinden.

Senioren, die noch regelmäßig Sport, treiben spüren die positiven Auswirkungen auf ihren Körper.

Mit zunehmenden Alter verändert sich jedoch die Zusammensetzung unserer Körper. Muskeln bilden sich zurück und der Körperfettanteil steigt.

Im Rentenalter sinkt der Energiebedarf, es fällt uns immer schwerer das Normalgewicht zu halten.

Der Nährstoffbedarf bleibt jedoch gleich oder steigt sogar noch an. Wird nun die Nahrungsaufnahme reduziert, fehlen dem Körper lebensnotwendige Nährstoffe. Er ist nicht mehr in der Lage, den Bedarf an Vitaminen, Mineralstoffen, Kohlenhydraten, Fetten und Protein durch herkömmliche Ernährung zu decken.

Senioren sollten deshalb sehr kritisch bei der Auswahl ihrer Lebensmittel sein.

Die Empfehlung sind Lebensmittel mit einer hohen Nährstoffdichte. Im Idealfall haben diese Lebensmittel dann noch relativ wenig Kalorien.

Moringa bietet auch für Senioren viele Verbindungen, die dem vorzeitigen Altern mit allen Erscheinungen, wie beispielsweise nachlassende körperliche wie geistige Leistungsfähigkeit, entgegenwirken.

Die Universität Hohenheim hat den Nähr- und Vitalstoffgehalt von Moringapulver mit 1058 anderen Lebensmitteln verglichen. Im Vergleich belegte Moringapulver fast ausschließlich fordere Plätze!

Bauen Sie Moringa in Ihren täglichen Speiseplan ein, es lohnt sich.

„Moringa, ein Plus für Ihre psychische Gesundheit!“

„Burnout ist eine Erkrankung, die in den letzten Jahren in der öffentlichen Diskussion einen breiten Raum einnimmt. Kontrovers wird diskutiert, ob die Ursachen des Burnouts die Arbeitsbelastung, die permanente Erreichbarkeit, die Reizüberflutung sind oder ob wir nicht über die richtigen Bewältigungsstrategien des heutigen Alltags verfügen.

Tatsache ist, den Betroffenen geht es sehr schlecht, die Erkrankungsdauer ist sehr lang und die Rückfallquote sehr hoch.
Leider verlieren wir oft bei dieser Problematik aus dem Auge, dass der Mensch ein hoch komplexes Wesen ist. Alle Stoffwechselvorgänge sind von seinen Ernährungs- und Lebensgewohnheiten, sowie seinem Lebensumfeld abhängig. Einzelne Elemente herauszugreifen und nur symptomatisch zu behandeln wird deshalb nicht

Regine Bauer
Heilpraktikerin für Psychotherapie
und Ernährungsberaterin

Valetudo-Gesundheitszentrum
Regine Bauer
Perlpilzstr. 341
12526 Berlin
Tel.: 030-6780 9031
Mobil: 0152-5396 7777

zum Erfolg führen.
Während bei physischen Erkrankungen sich diese komplexe Betrachtung immer mehr durchsetzt, findet sie bei psychischen Erkrankungen noch viel zu wenig Beachtung.
Diese Erfahrungen mache ich ständig in meiner Arbeit mit psychisch Kranken und psychisch behinderten Menschen.

Deshalb ist mir in der Arbeit mit meinen Patienten ein ganzheitlicher Ansatz wichtig. Neben den unterschiedlichsten Methoden der psychotherapeutischen Arbeit gehören eine umfassende Ernährungsberatung mit Koch- und Backkursen ggf. auch Einkaufshilfen ebenso zum Programm, wie die Betrachtung der Lebensgewohn-

heiten und des Lebensumfeldes.
Die Ernährungssituation bei vielen meiner Patienten wird oft durch die plakativen Werbeslogans beeinflusst.
Getreu dem Motto „Fett macht fett", „Verzichten Sie auf Kohlenhydrate" oder „Eiweiß macht schlank" gestalten viele ihre Mahlzeiten.
Diese völlig unreflektierte und undifferenzierte Betrachtung führt zu einer einseitigen, vitalstoffarmen Kost, in deren Ergebnis die physische und psychische Gesundheit leidet.

Viele Patienten ernähren sich sehr Vitamin- und Mineralstoffarm, eine ausgewogene Fettversorgung ist nicht mehr geben, für den Aufbau von Körpereiweiß fehlen wichtige Aminosäuren.
Der hohe Verbrauch an raffinierten Kohlenhydraten, die Belastung mit den unterschiedlichsten Zusatzstoffen in der Nahrung, die Einnahme von Medikamenten, ein langer und anstrengender Arbeitsalltag und Bewegungsarmut (um nur einige Probleme zu nennen) tragen dazu bei, dass sich die ohnehin schlechte Vitalstoffbilanz des Körpers weiterhin dramatisch ver-

schlechtert.
Wichtige Stoffwechselvorgänge können nicht mehr oder nur teilweise ablaufen. Wen wundert es, dass immer häufiger, wie der Volksmund sagt, „die Nerven blank liegen.

Deshalb ist die Analyse der Ernährungssituation meiner Patienten ein wesentlicher Bestandteil meines Behandlungskonzeptes. Sie erhalten Empfehlungen und praktische Hilfen für eine Ernährungsumstellung. Diese sollte durch eine Darmsanierung begleitet werden, denn nur durch einen gesunden Darm kann der Körper auch die zugeführten Nähr- und Vitalstoffe vollständig aufnehmen.
Sehr gute Erfahrungen habe ich dabei mit der zusätzlichen Gabe von
Morigablattpulver, Quark und Leinöl gemacht. Selbstverständlich können auch die Morina-kapseln genommen werden.

Es heißt, Leinöl macht uns Menschen glücklich...

... Moringa macht das Leinöl glücklich!

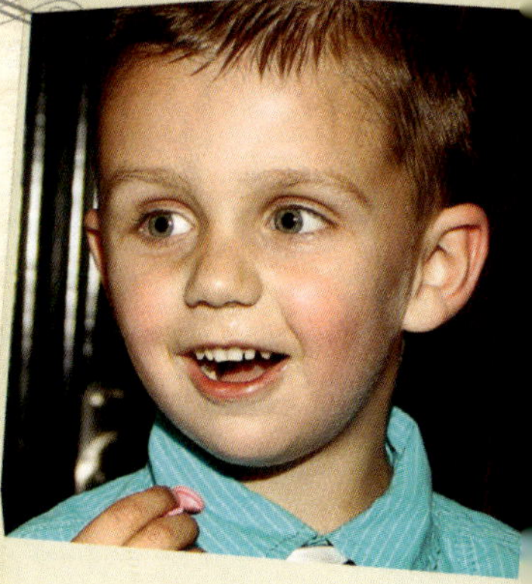

Die ausgewogene, ausbalancierte Konzentration und Fülle von Nährstoffen in einer einzigen Pflanze macht Moringa so einzigartig. Das ist der entscheidende Vorteil gegenüber gemischten Pflanzenextrakten.
Viele Patienten verspüren bereits nach wenigen Wochen eine deutliche Verbesserung der Stimmungslage, ihrer Befindlichkeit, des Antriebs, ihrer emotionalen Stabilität oder ihres Schlafes.
Diese Ergebnisse ermutigen Patienten am Ball zu bleiben, sich ggf. auch von liebgewordenen Gewohnheiten zu verabschieden und vielleicht neue Wege zu gehen und neue Rituale in den Alltag aufzunehmen.“

Regine Bauer
September 2012

FAZIT:

Worum geht es, wenn man sich mit Moringa beschäftigt?
Das Ziel ist Gesunderhaltung mit Hilfe gesunder ausgewogener Ernährung und Vermeidung oder Behebung von Ernährungsfehlern.

Für die meisten Menschen in unseren Breiten bedeutet gute Ernährung jedoch mehr Quantität als Qualität, d.h. es wird am liebsten viel Fleisch und Wurst, Weißmehlprodukte und Zuckerhaltiges verzehrt. Nur ein kleiner Teil der Bevölkerung ist ernährungsbewusst und achtet auf vollwertige Ernährung mit einem hohen Anteil an Pflanzen und Ballaststoffen. Bei den meisten kommt es zu schleichender Unterversorgung mit wichtigen Vitalstoffen.

Auch die deutsche Gesellschaft für Ernährung DGE stellte in ihrem Ernährungsbericht fest, dass sich ein Großteil der Deutschen unausgewogen ernährt.
Aus Ernährungsmedizinischer Sicht ist unausgewogene Ernährung eine Ursache für viele Erkrankungen.

Die Ernährung enthält:
Zuviel leere Energieträger: Weißmehlprodukte, einfache, kurzkettige Kohlenhydrate wie Zucker
tierisches Eiweiß und tierische Fette: gesättigte Fettsäuren,
Zuwenig essentielle Vitalstoffe, komplexe langkettige Kohlenhydrate (Ballaststoffe) mehrfach ungesättigte Fettsäu-

ren wie Omega-3 und Omega-6 Fettsäuren.
Wenn eine gesunde Ernährung nicht möglich ist, muss eine optimale Zufuhr essentieller Vitalstoffe in sinnvoller Kombination hinzugezogen werden. Dies kann ganz einfach mit Moringa umgesetzt werden.

Durch ausgewogene, gesunde Ernährung und sinnvolle Nahrungsergänzung kann eine bestmögliche Versorgung gewährleistet werden. Eine gute Lebensbasis.

In veränderten Zeiten, in denen weniger Gehalt in der Nahrung ist, der Bedarf (nicht an Kalorien) aufgrund der veränderten Lebensumstände jedoch erhöht ist, ist Nahrungsergänzung sehr sinnvoll.

Dabei ist zu bedenken, dass sich klug entwickelte Vitalstoffzusammensetzungen eher in der Natur finden lassen, als im Labor eines Vitaminherstellers.

Die besten Nahrungsergänzungen bieten dem Körper bioaktive Vitalstoffe in einer Form an, wie er sie kennt, als Bestandteil einer Pflanze.

Das bietet Moringa !

Man darf gespannt sein, was die Pflanzenforschung noch entdeckt…

Konkrete Anwendungsbeispiele – die erste Moringa Kur

Wie man mit Moringa beginnt.

Im Handel wird hauptsächlich Moringablattpulver in Form von Pulver oder Kapseln angeboten. Auch das Moringaöl ist zu bekommen. Moringaöl ist wie Speiseöl einsetzbar, aber auch für äußere Anwendungen geeignet.

Als rohes Gemüse wird Moringa hier schwer zu bekommen sein, es sei denn, man versucht sich im Selbstanbau, was äußerst schwierig ist, da es in unseren Breiten zu kalt ist oder man wendet sich an ein spezielles Lebensmittelgeschäft für indische Nahrungsmittel.

Es wird vorgeschlagen, wenn man das Pulver als Zusatznahrung nehmen möchte, folgendermaßen vorzugehen:
Da Moringa Scharf- und Bitterstoffe enthält, sollte man zunächst mit einer kleinen Menge beginnen, so können sich Magenempfindliche langsam eingewöhnen. Die Menge kann bei guter Verträglichkeit langsam gesteigert werden.

Man kann das Pulver direkt einnehmen. Allerdings ist dies nur Hartgesottenen zu empfehlen, da das trockene Pulver doch sehr geschmacksintensiv ist. Es empfiehlt sich hinterher etwas zu trinken.
Die unten angegebenen Mengen können mit den täglichen

Speisen gemischt werden.

Man beginnt mit 2 x ½ Teelöffel täglich morgens und abends. 3 Tage lang.
Danach 2 x 1 Teelöffel täglich morgens und abends.
1 Woche lang
Dann zum Aufbau einer guten Grundversorgung 2 x 1 gehäuften Esslöffel morgens und abends. 6 Wochen lang. Dies entspricht in etwa einer Menge von 15 gr.

Zur Aufrechterhaltung und Vorbeugung genügen dauerhaft 2 x 1 Teelöffel täglich.

Bei Fastenkuren, Diäten und Ernährungsumstellungen wird je 1 Esslöffel vor den Mahlzeiten empfohlen (Beim Fasten selbstverständlich vor den flüssigen Mahlzeiten).

Moringablattpulver ist jederzeit zum Würzen einsetzbar, sollte aber möglichst nicht erhitzt werden, damit die wertvollen Inhaltsstoffe nicht verloren gehen.

Moringablattpulver ist bereits in Kapselform zu bekommen. Je nach Kapselinhaltsmenge können die Kapseln an die tägliche Einnahmemenge angepasst werden.

Kochen mit Moringa

Bitte setzen Sie Moringa auf Ihren täglichen Speiseplan. Die kreative Küche bietet Ihnen viele Möglichkeiten. Ob Salate, Suppen, Eintöpfe, Soßen, Marinaden oder Smoothies, Moringa liebt sehr viele Speisen.

Moringa
Zauber
...verzaubert Ihre Speisen
Samori
Chakalaka
Afrikanische Gewürzmischung
Moringa
Wildwuchs
Blattpulver
INDIA

Grüner Smoothie mit Moringa

Zutaten:
100gr. Mangoldblätter
1 Eßl. Moringa-Blätter oder 1 TL. Moringa-Blattpulver
2 Bananen
1 Orange
250 ml Wasser

Die Zutaten in einen starken Mixer(Vitamix) geben, mixen, beliebig dekorieren und genies-sen!
Ergibt ca. 500 ml leckeren, grünen Smoothie

Josefa Bucher in ihrer Rohkost-Werkstatt

Neersbroicher Str. 10
41066 Mönchengladbach
www.Frohkost-Shop.de

Mit Josefa`s grünen Smoothie Würfeln gibt es nun keine Situation mehr, in der man keine grünen Smoothie`s zubereiten kann.

Ob auf Reisen, Wochenendausflügen, Wanderungen oder mangelnder Zeit wegen Berufstätigkeit, der grüne Würfel mit 40% grünem Moringapulver und 60% Früchten in allerbester Bio-Rohkostqualität kann sowohl direkt trocken verzehrt werden, wobei reichlich Wasser nachgetrunken werden sollte, oder eingeweicht in einem Glas Wasser als Mix-Getränk überall ohne große Mühe genossen werden.

Preisvergleich:
1 Würfel kostet 0,83 € ergibt 400 ml leckeren grünen smoothie, 500 ml einer bekannten braunen, süssen Limonade kosten 0,74 € !!!

Moringa
Küche
BIO
urkraft
Bio-Leinöl
...macht glücklich
aus erster Pressung
naturbelassen
arteigener Geschmack
www.biourkraft.de
Blattpulver
INDIA
SAMORI Qualität
verzaubert Ihre Speisen

Pellkartoffeln mit Quark, Leinöl und Moringa

Zutaten für 4 Personen:

1,2 kg Pellkartoffeln
500 g Quark (möglichst Bio-Qualität)
3 EL Milch, saure Sahne oder Schmand
1 mittelgroße Zwiebel
1 Bund frischer Schnittlauch
4 EL frisches Bio-Leinöl
1 gestrichenen TL Moringablattpulver
Moringa-Zauber nach Geschmack
Salz und Pfeffer

Zubereitung:

Quark und Milch, je nach Geschmack, mit saurer Sahne oder Schmand anrühren.
Mit Salz und Pfeffer würzen.
Dazu frisch gehackten Schnittlauch, feingewürfelte Zwiebeln und Moringablattpulver reichen.
Nach dem anrichten über jede Portion einen Eßlöffel Bio-Leinöl geben und mit Moringa-Zauber abschmecken.

Dieses Gericht bereichert unseren wöchentlichen Speiseplan seit über 50 Jahren. Moringa wertet es zusätzlich auf und vereint sich dabei wunderbar mit Quark und Leinöl.

Margot und Kurt Brose

Moringa-Erbsensuppe mit geröstetem Speck, Brot und frischer Minze

Zubereitung:

Den Backofen auf 190 °C aufheizen. Das Brot von der Rinde trennen und unregelmäßig zerpflücken. Brot auf ein Bratblech geben mit gutem Olivenöl beträufeln, salzen und pfeffern, gut durchmischen und anschließend mit einem Teil der Minzeblätter bestreuen. Den Bacon darüber verteilen und das Blech für ca. 15-20 Minuten in den Ofen schieben. In einem mittelgroßen Topf die Butter bei niedriger Temperatur zerlassen und die Frühlingszwiebeln mit dem Rest der Minze und den Moringablättern darin anschwitzen. Nach ca. 3 Minuten die Temperatur erhöhen, die Erbsen und die Hühnerbrühe hinzufügen und zum Kochen bringen. Die Temperatur wieder reduzieren und die süße Sahne einrühren. Die Suppe 15 Minuten köcheln lassen. Anschließend die Suppe fein pürieren und mit Salz und Pfeffer abschmecken.

Die Suppe in einzelne Schalen geben, das krosse Brot hinzufügen, Speck und Minze darüber verteilen. Einen Klecks saure Sahne dazu geben, mit Moringablattpulver bestreuen und etwas Olivenöl beträufeln.

Zutaten für 4 Personen:

½ Weißbrot vom Vortag
1 Hand voll frischer Minze
2 EL getr. Moringablätter
2 TL Moringablattpulver

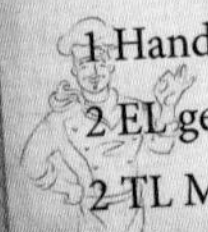

8 Scheiben durchwachsenen Bacon
1 Bund Frühlingszwiebeln (nur das Weiße grob gehackt)
500 g Tiefkühl-Erbsen

1 Ltr. Hühnerbrühe
100 ml süße Sahne
4 TL saure Sahne
Salz und Pfeffer aus der Mühl

Oma‘s Kartoffelsuppe mit Moringa für 4 Personen

Zutaten für 4 Personen:

800g mehlig kochende Kartoffeln
1 Bund Suppengrün
1 Liter Gemüsebrühe
1 Bund glatte Petersilie
4 TL Moringablattpulver
150 Gramm Räucherspeck
Prise Muskatnus gerieben
Majoran
Salz und Pfeffer aus der Mühle

Zubereitung:
Die Kartoffeln würfeln, im Suppengrün ca. 30 Minuten kochen.
Die Suppe mit einem Stabmixer pürieren, dann mit Salz, Pfeffer, Majoran und Muskat abschmecken.
Zum Schluß 150 Gramm Räucherspeck in Würfel schneiden und in einer Pfanne auslassen u. vor dem servieren krossig in die Suppe geben.
Über jede Portion gehackte Petersilie und Moringablattpulver streuen.

Unser Tipp:
Verfeinern Sie die Suppe mit Moringa-Zauber!

Moringa
Küche

Gegrilltes Puten Steak
mit Koblauchbrot & Chakalakadip

1. Chakalaka und das Öl zu einer Marinade verrühren.
2. Putensteak marinieren und 2-3 Std. im Kühlschrank ziehen lassen.
3. Für den Dip 1 TL Chakalaka in den Tomatenketchup einrühren, ca. 1 Stunde ziehen lassen.
4. Steak von beiden Seiten kurz angrillen oder braten und zum durchgaren abdecken, damit das Fleisch schön saftig bleibt.
5. Baguettebrötchen der Länge nach durchschneiden und mit Olivenöl einstreichen. Im vorgeheizten Ofen backen und anschließend mit der halben Knoblauchzehe drüber reiben.

Guten Appetit!

Zutaten für 2 Personen:
300g Putensteak
3 TL. Chakalaka
5 Eßl. Olivenöl
2 Baguettebrötchen
1 Knoblauchzehe
50 ml Tomatenketchup

Röstini-Moringa-Spirelli mit Fenchel Tomaten-Gemüse und Mozarella

Die Spirelli in einen Topf geben und mit reichlich Wasser übergießen, salzen und 5-7 Minuten kochen.
Das geschnittene Gemüse in einem Dampfgartopf ca.10 min garen, anschließend das Gemüse entnehmen, Tomatenschalen entfernen und mit Basilikum, Moringazauber und Galgant abschmecken.
Die Butter in einer vorgewärmten Auflaufform verstreichen.
Anschließend die abgegossenen Spirelli unter das Gemüse heben und in die Auflaufform geben.
Mozzarella schneiden, auf dem Gemüse verteilen, mit Öl beträufeln und bei mittlere Hitze im Ofen überbacken.

Zutaten für 4 Portionen :
300 g Röstini-Moringa-Spirelli
3 Knollen Fenchel
6 mittlere Tomaten

2 Zwiebeln
2 EL Oliven ÖL
1 EL Butter
3 Kugeln Mozzarella

Basilikum
Moringazauber
Galgant
1TL Salz

Moringa-Reis

Zutaten:
125 g Basmatireis
1,5 TL Bio Moringa Blattpulver
1 Zwiebel
2 EL Olivenöl
1 Prise Moringazauber
375 ml Wasser

Zwiebel schälen und würfeln, anschließend im Olivenöl gold/gelb anbraten.
Reis und Wasser hinzu geben, aufkochen lassen, abdecken und auf kleiner Flamme ca. 20 min. ziehen lassen.
Nach ca. 15 Minuten Moringa Blattpulver unterrühren, den Herd abschalten und den Reis abgedeckt weitere 5 Minuten ziehen lassen.
Vor dem Servieren mit Moringazauber abschmecken.

Moringa Küche
oringa
BIO Urkraft
4% Moringa-Blattpulver
mind. haltbar bis: 24.12.2014
LOS-Nummer: 7009
BIO
(aus kontrolliert biologischem Anbau)
DE-ÖKO-007 - EU Landwirtschaft
Sanleaf Europe GmbH - 03172 Schenkendöbern - www.sanleaf-europe.com

Hans-Joachim Joseph
Schön & Gesund Läden

Putengeschnetzeltes mit Röstini-Moringa-Hörnchen

Chakalaka mit Öl verrühren, Putegeschnetzeltes marinieren und etwas ziehen lassen.
Pilze säubern, in Scheiben schneiden und Zwiebeln würfeln.
Putengeschnetzeltes, Champignos und die Zwiebeln in eine Pfanne geben und von allen Seiten gleichmäßig anbraten.
Wasser mit Moringazauber, verrühren den Bratenansatz ablöschen und gar dünsten.
Dinkel-Röstini-Vollkornmehl mit der Sahne verquirlen, in das Geschnetzelte geben, verrühren und kurz aufkochen lassen.
Zum verfeinern mit Moringazauber abschmecken.

Hierzu empfehlen wir Röstini-Moringanudeln.

Zutaten für 4 Personen:
500g Putengeschnetzeltes
400 g Champignons
1 TL Chakalaka
8 TL Olivenöl
100 g Zwiebeln
40 g Dinkel Röstini Vollkornmehl
200 ml Bio Sahne
200 ml Wasser
1,5 TL Moringazauber

Applaus für
Moringa
Blattpulver

Tiere

Auch für Nutz- und Haustiere ist eine gute Ernährung Voraussetzung für Gesundheit. Alle Tiere benötigen viel Eiweiß, auch die Vegetarier unter den Nutztieren, wie Rinder, Pferde, Schafe, Ziegen... könnten von Moringa als Nahrungszusatz profitieren, genauso die fleischfressenden unter ihnen, wie Hund, Katze und Maus.
Der hohe Eiweißanteil im Moringablattpulver wäre ein guter Ersatz für Tiermehl oder Fischmehl, welche sonst als Futtermittelzusatz verwendet werden.

Sirius vom Zäschkenhof

Unser Hund Sirius,
geb. 07.04.2012, erhält seit dem frühen Welpenalter ein Ergänzungsfuttermittel mit Moringa.
Mineralstoffe und Vitamine sind für die physiologische Organentwicklung enorm wichtig.
Die nebenstehenden Komponenten sind ideal, um ernährungsbedingte Fehlversorgungen auszugleichen.
Der Organismus des Hundes wird optimal versorgt, ohne die Stoffwechselorgane zu belasten.

Uwe Brose
September 2012

Knochenmehl,
Eierschalen,
Seealgenmehl,
Leinsamen,
Beeren,
Moringablattpulver

Einige Tropfen Moringaöl komplettieren die tägliche Futterration!

Sirius im Alter von fünf Monaten

Aminosäurespektrum:

Threonin	0,9 mmol/kg
Asparaginsäure	2,2 mmol/kg
Serin	0,9 mmol/kg
Glutaminsäure	3,1 mmol/kg
Prolin	1,0 mmol/kg
Glycin	1,1 mmol/kg
Alanin	1,5 mmol/kg
Methionin	0,4 mmol/kg
Isoleucin	1,1 mmol/kg
Tyrosin	0,7 mmol/kg
Leucin	1,9 mmol/kg
G.-Aminobuttersäure	0,3 mmol/kg
Ammonium	0,7 mmol/kg
Ornithin	< 0,1 mmol/kg
Lysin	1,2 mmol/kg
Histidin	0,7 mmol/kg
Valin	1,4 mmol/kg
Arigin	0,7 mmol/kg
Phenylalanin	1,4 mmol/kg
Cystin	0,7 mmol/kg
Tryptophan	1,4 mmol/kg
Summe Aminosäuren	21,3 mmol/kg
Gesamtphenole	1,25 g/100g
ORAC -Wert	62.600 µmol TE/100 g
Gluten	nicht nachweisbar

Durchschnittliche Nähwertangabe in 100 g:

Energie/Brennwert	289 kcal/1205 kJ
Eiweiß	26,7 g
Kohlenhydrate	16,4 g
davon Zucker	8,2 g
Fett	4,5 g
davon gesättigte Fettsäuren	1,8 g
Ballaststoffe	38,2 g
Natrium	0,2 g

Mineralstoffe:

Calcium	287 mg/100 g
Magnesium	61 mg/100 g
Kalium	914 mg/100 g
Natrium	0,08 g/100 g
Kupfer	0,69 mg/100 g
Eisen	83,3 mg/kg
Schwefel	9210 mg/kg
Phosphor	4882 mg/kg

Vitamine (fettlöslich)

Vitamin A (β-Carotin)	3,04 mg/100 g
Vitamin A (Retinol)	0,01 mg/100 g
Vitamin A, aktiv (berechnet)	0,51 mg/100 g
DL-a-Tocopherol	37,4 mg/100 g
DL-β-Tocopherol	< 0,2 mg/100 g
DL-y-Tocopherol	< 0,2 mg/100 g
DL.ö-Tocopherol	< 0,2 mg/100 g
Summe DL-Tocopherole	37,4 mg/100 g
Vitamin E, aktiv (berechnet)	27,7 mg/100 g

Vitamine (wasserlöslich)

Biotin	28 µg/100 g
Folsäure	639 µg/100 g
Niacin	13 mg/100 g
Pantothensäure	2,4 mg/100 g
Vitamin B1	0,41 mg/100 g
Vitamin B2	2,2 mg/100 g
Vitamin B6	1,4 mg/100 g
Vitamin B12	1,9 µg/100 g
Vitamin C	136,5 mg/100 g

Auszug aus dem Prüfbericht ifp 12/21425 Moringa, Natürliches Pulver 23.04.2012
Institut für Produktqualität GmbH-Teltowkanalstrasse 2
Auftraggeber Sanleaf Europe GmbH

Literaturverzeichnis:

Barta, Claus (2011): Moringa Oleifera – die wichtigste Pflanze der Menschheitsgeschichte, Das Neue Licht/Jim Hunble Verlag, Venlo, Niederlande

Bruhns, Erwin G. ; Zgraggen, Hans-Peter (2011): Der Wunderbaum Moringa – ein Vitamingeschenk von Mutter Natur, Hesper-Verlag, Saarbrücken

Watzl, Bernhard; Leitzmann, Claus (2005): Bioaktive Substanzen in Lebensmitteln, Hippokrates Verlag, Stuttgart

Biesalski, Hans-Konrad; und andere (1995): Ernährungsmedizin, Georg Thieme Verlag, Stuttgart

Burgerstein, Lothar (2007): Burgersteins Handbuch Nährstoffe, Karl F. Haug Verlag, Stuttgart

Bildquellen:

Dreamstime:	5-13;19; 27-31; 38; 41-51; 54-59; 62-67; 69-71; 74; 76-83; 88-93; 95-101; 109-123;
Fotolia:	22-23; 26; 72; 106;
istock:	38; 61;
sxc.hu:	21; 26; 29; 38; 76; 86-87; 92;

Bezugsquellen:
Moringa-Produkte etablieren sich nach und nach in Naturkost- und Bioläden, Reformhäusern, in Asia-Läden, Drogerien und Apotheken. Aber auch im Internet können die Produkte bestellt werden.
Bitte rufen Sie uns an, wir nennen Ihnen sehr gern eine Bezugsquelle in Ihrer Nähe. Auf unserer Webseite: **www.moringa-europe.com** finden Sie demnächst eine Liste unserer Partner.

Sanleaf Europe GmbH
Atterwascher Straße 11
03172 Schenkendöbern

Tel.: 035692-66933
Fax: 035692-66955
E-Mail: kundenservice@sanleaf-europe.com

Danke Moringa